Aulas de redação

7º

MARIA APARECIDA NEGRINHO

editora ática

editora ática

Diretora-Geral Editoras Ática e Scipione
Vera Balhestero
Diretora Editorial Editoras Ática e Scipione
Angela Marsiaj
Gerente Editorial Didáticos Editoras Ática e Scipione
Teresa Porto
Gerente de Qualidade e Suporte Editoras Ática e Scipione
Beatriz Mendes
Gerente Editorial Didáticos Ática
Margarete Gomes

Editora: Sueli Campopiano
Gerente de Revisão: Hélia de Jesus Gonsaga
Equipe de Revisão: Kátia Scaff Marques (Coordenação), Célia da Silva Carvalho, Gloria Cunha, Sandra Regina de Souza e Thais Roberto Dassi
Supervisor de Arte: Sérgio Yutaka Suwaki
Equipe de Arte: Andréa Dellamagna (Edição de Arte e Editoração Eletrônica)
Programação Visual de Capa: Andréa Dellamagna
Supervisor de Iconografia: Sílvio Kligin
Equipe de Iconografia: Caio Mazzilli (Pesquisa)
Tratamento de Imagem: Cesar Wolf e Fernanda Crevin
Colaboração: Lúcia Leal Ferreira (Redação)
Programação Visual de Miolo: Lisa Ho
Ilustrações: Nik Neves (Capa), Evandro Luiz, Andrea Ebert, Nik Neves e Theo (Miolo)
Editoração Eletrônica: aeroestúdio

Direitos desta edição cedidos à Editora Ática S.A.
Av. Otaviano Alves de Lima, 4400
5º andar e andar intermediário ala "A"
Freguesia do Ó – CEP 02909-900 – São Paulo – SP
Tel.: 0800 115152
www.atica.com.br / editora@atica.com.br

Dados Internacionais de Catalogação na Publicação (CIP)
(Câmara Brasileira do Livro, SP, Brasil)

Negrinho, Maria Aparecida
Aulas de redação / Maria Aparecida Negrinho. – São Paulo: Ática, 2011.
Obra em 4 v.
6º ano (13. ed.) – 7º ano (13. ed.) – 8º ano (12. ed.) – 9º ano (11. ed.)
Bibliografia.
1. Português - Redação (Ensino fundamental)
I. Título.

11-06312 CDD-372.623

Índice para catálogo sistemático:
1. Redação: Português: Ensino fundamental 372.623

2018
ISBN 978 85 08 12949 2 (AL)
ISBN 978 85 08 12950 8 (PR)
Cód. da obra CL 736252
13ª edição
10ª impressão

Impressão e acabamento: Bercrom Gráfica e Editora

Uma Publicação Abril EDUCAÇÃO

Conforme a nova ortografia da Língua Portuguesa

APRESENTAÇÃO

A coleção *Aulas de Redação* foi organizada para oferecer aos alunos os requisitos necessários para se expressarem com clareza, correção e criatividade por meio da escrita.

Nesta reformulação, ampliamos o trabalho com gêneros textuais. Nas oito unidades de cada volume, são explorados, como modelos para a produção, textos de diferentes gêneros e as estruturas linguísticas que lhes são próprias.

A reflexão sobre a língua visa analisar não só o modo de organização do texto, mas também os mecanismos envolvidos em sua construção para atender à intenção de quem escreve. A ortografia também é trabalhada em inúmeros exercícios.

Além das propostas para debate, as seções **Ampliando horizontes** e **Conexão com...** oferecem aos estudantes uma base de dados ampla para a produção de seus textos.

O quadro de autoavaliação no final das unidades é um instrumento para diagnóstico das dificuldades encontradas.

Todos os volumes estão orientados para desenvolver o espírito crítico e a sociabilidade entre os alunos.

A autora

SUMÁRIO

Unidade 1 UM GÊNERO EM OUTROS GÊNEROS

NIK NEVES/ARQUIVO DA EDITORA

Unidade 2 A CRÔNICA

Unidade 3 O FANTÁSTICO NA LITERATURA

Unidade 4 O PONTO DE VISTA DO NARRADOR

NIK NEVES/ARQUIVO DA EDITORA

Unidade 5 HISTÓRIAS DE AVENTURA

Unidade 6 A LINGUAGEM DOS MEIOS VIRTUAIS

Unidade 7 HISTÓRIA EM QUADRINHOS

ANDREA EBERT/ ARQUIVO DA EDITORA

Unidade 8 ANÚNCIO CLASSIFICADO E NOTÍCIA

Unidade 1

UM GÊNERO EM OUTROS GÊNEROS

- **FOCO:** adequação da linguagem ao gênero textual.
- **GÊNEROS:** novela e conto.
- **PRÁTICAS DE LINGUAGEM:** linguagem informal e gíria; adequação da linguagem; ortografia: *s*.

VAMOS LER 1

Liliane Prata nasceu no estado de Minas Gerais, em 1981. É formada em Jornalismo pela Universidade Federal de Minas Gerais. Assina a coluna *Desneurando* da revista *Capricho* e também atua como jornalista colaboradora. *O diário de Débora* foi seu primeiro romance publicado.

O plano

NO TEXTO A SEGUIR VOCÊ VAI CONHECER DÉBORA, UMA GAROTA ÀS VOLTAS COM SUAS DÚVIDAS AMOROSAS.

NIK NEVES/ARQUIVO DA EDITORA

Sábado, mais ou menos 22h

Ai, que ódio que eu estou do Felipe! Deu tudo, absolutamente tudo, errado. E foi tudo culpa dele! Não me conformo!

Eu cheguei à casa do meu pai à tardinha. Vi os meninos na rua, cumprimentei e subi. Não fiquei nem dez minutos no apartamento e desci. Fiquei conversando com os três um tempão, até umas sete e meia da noite, quando meu pai pediu da janela para eu levar uns filmes à locadora para ele. Aí eu peguei os tais filmes e perguntei ao Felipe e ao Alexandre se eles não queriam ir comigo (o Gabriel tinha ido jantar). Eles queriam, e então nós fomos.

Aí a gente chegou na locadora, que fica a uns cinco quarteirões da casa do meu pai, e eu percebi que não ia ficar sozinha com o Felipe nunca. O máximo era aquilo, com o Alexandre distraído, olhando os filmes. Então, resolvi colocar o plano do beijo em ação ali mesmo.

— Felipe, o que é isso na sua boca?

— Onde?

— Aqui, olha.

— Onde? Cadê?

— Aqui!

E tasquei um beijo na boca dele! Ele ficou todo sem graça, rindo, perguntando o que tinha me dado. Até aí, tudo bem. Claro que o beijo tinha sido selinho, porque a gente estava ali com o Alexandre no meio da locadora e não tinha jeito. Mas eu planejava dar o beijo de verdade logo em seguida. Chamei o menino para fora da locadora e perguntei se ele não queria me dar um beijo (eu estou atrevida, ultimamente, não?). Mas ele entrou em pânico.

— Aqui? No meio da rua?

— É, por que não?

— Ah, eu tenho vergonha. E meu irmão está aqui também. Depois eu dou.

— Ah, dá agora.

— Não. Só depois.

Eu fiquei superchateada. Pô, era timidez ou ele não queria me beijar? Tentei agir como se nada tivesse acontecido, e a gente voltou para nossa rua. Eu esperava que, quando a gente chegasse lá, ele me levasse para dentro do prédio, já que ele tem tanta vergonha, e tomasse uma atitude. Afinal, eu já tinha dado muito mole, né? Só que, assim que a gente chegou, o pai dele apareceu lá embaixo com uma vara de pescar na mão e uma bolsa na outra. E, enquanto colocava as coisas no carro, disse para o Felipe e para o Alexandre que já estava na hora do acampamento. Eu:

— Ué, vocês vão viajar?

Os dois responderam que sim, me deram tchau e entraram no carro.

Pode? Fiquei com tanta raiva! O Felipe nem mencionou o beijo, não disse quando volta, nem nada! Fiquei parada na rua igual a uma idiota, enquanto o carro ia embora e os dois acenavam. É incrível! Eu não podia ter escolhido um dia pior para executar meu plano!

[...]

PRATA, Liliane. *O diário de Débora*. São Paulo: Marco Zero, 2003. p. 123-4. (Título nosso).

Selo:
papel colante para postagem de correspondência.

REPRODUÇÃO

Selinho:
beijo rápido, com leve toque de lábios fechados.

ILUSTRAÇÕES: NIK NEVES/ARQUIVO DA EDITORA

Vamos **entender** o texto

Diário pessoal

O texto que você acaba de ler é um trecho do livro *O diário de Débora*, que conta as aventuras e desventuras de uma garota de 16 anos.

Trata-se de uma **obra de ficção**, isto é, um texto no qual o que acontece é fruto da imaginação da autora, que criou as personagens, as situações narradas, etc.

No **diário pessoal**, o enunciador, que é quem relata os acontecimentos, se apresenta em primeira pessoa e manifesta suas impressões e sentimentos sobre os fatos relatados, como se conversasse com o diário ou consigo mesmo.

1. Relembrando alguns termos usados quando o assunto é ficção.

A. Quem é a protagonista da história relatada?

B. Quem é o enunciador do relato?

C. Onde se passa a história?

D. Quando se passa a história?

2. Débora conta que tem um grande desejo. Qual é ele?

3. Assinale a alternativa correta:

A. ☐ O principal obstáculo enfrentado por Débora para realizar seu desejo foi o fato de ter de ir à locadora devolver os filmes para seu pai.

B. ☐ Débora não conseguiu realizar seu desejo porque o pai de Felipe resolveu levá-lo para pescar justo no momento em que ela ia beijá-lo.

C. ☐ O desfecho da narrativa pode ser considerado de sucesso, uma vez que Débora conseguiu realizar seu desejo.

D. ☐ A forma como Felipe agiu foi o grande obstáculo encontrado por Débora para realizar seu desejo.

4. **No segundo parágrafo, Débora se refere a três outras personagens do texto:**

[...] Não fiquei nem dez minutos no apartamento e desci. Fiquei conversando com os três um tempão [...].

A. Quem são esses "três"?

B. Como você descobriu os três nomes?

5. **Complete o quadro indicando as causas dos fatos apresentados:**

FATO	CAUSA
Débora só conseguiu dar um selinho em Felipe.	
Ao voltar para casa, a garota não conseguiu ficar a sós com Felipe.	

Práticas de linguagem

1. ***O plano*** **é trecho de uma novela. Só que a autora decidiu dar a ele a aparência de um gênero textual que faz parte do dia a dia de muitas pessoas na "vida real".**

A. Que gênero é esse?

B. Em que passagem do texto isso fica explícito?

C. Com quem as pessoas que se dedicam a escrever esse gênero textual "dialogam"?

D. No caso de *O plano*, isto é, de uma obra de ficção publicada, com quem a personagem Débora está "dialogando"?

2. **Embora *O plano* seja uma obra ficcional, sua autora procurou aproximar-se o mais possível do real: agir e pensar como muitas garotas de 16 anos. Assim, ao relatar em seu diário os acontecimentos do dia – e refletir sobre eles –, a personagem usa uma linguagem informal, relaxada, bem próxima da que usam no cotidiano as garotas de sua idade.**

A. Transcreva do texto dois exemplos da informalidade da linguagem de Débora.

B. Transcreva do texto uma passagem em que Débora se dirige explicitamente a seu interlocutor – isto é, a ela mesma/ao diário.

NIK NEVES/ARQUIVO DA EDITORA

3. Releia este fragmento do texto:

Eu fiquei superchateada. Pô, era timidez ou ele não queria me beijar? Tentei agir como se nada tivesse acontecido, e a gente voltou para nossa rua. Eu esperava que, quando a gente chegasse lá, ele me levasse para dentro do prédio, já que ele tem tanta vergonha, e tomasse uma atitude. Afinal, eu já tinha dado muito mole, né? Só que, assim que a gente chegou, o pai dele apareceu lá embaixo com uma vara de pescar na mão e uma bolsa na outra.

A. Reescreva o fragmento, substituindo **a gente** por **nós** e fazendo as adaptações necessárias.

B. Com a troca de **a gente** por **nós**, a linguagem do parágrafo ficou mais formal ou mais informal?

4. Ainda em relação ao parágrafo destacado acima: junto com um colega, substituam as expressões seguintes por outras mais formais:

A. superchateada

B. pô

C. tinha dado muito mole

D. o pai *dele*

5. O mesmo parágrafo termina com a frase "Eu:".

A. No contexto em que aparece, essa frase pode ser considerada própria da linguagem formal ou da linguagem informal? Explique.

B. Como essa frase pode ser entendida?

6. Leiam as respostas que vocês deram às atividades 4 e 5 e comparem-nas com as dadas pelas outras duplas da turma. Assim vocês poderão conversar sobre as dificuldades que encontraram e, com isso, compartilhar as melhores soluções.

Conexão com Tecnologia

Diários *on-line*

O diário escrito em papel geralmente é confidencial. Só a própria pessoa que escreve ou, no máximo, um amigo íntimo é que pode lê-lo.

Nos últimos anos, com a expansão da internet, ele foi ganhando outros formatos. Por exemplo, o "diário eletrônico", como os *blogs*. O *blog* se tornou popular pela interação que possibilita e pela facilidade de publicação (não há necessidade de conhecimentos prévios de linguagem de programação nem de *softwares* complicados).

Os *blogs* podem conter relatos pessoais, matérias jornalísticas, contos, crônicas, poesias e ideias das mais diversas, além de *links* para outros *blogs*, *sites*, etc.

No início, os *blogs* eram uma mania exclusiva de adolescentes, mas, com o tempo, tornaram-se meio de expressão para faixas etárias variadas. Jornalistas e personalidades da mídia utilizam *blogs* como meio de divulgação de seu trabalho e como ferramenta de *marketing* pessoal.

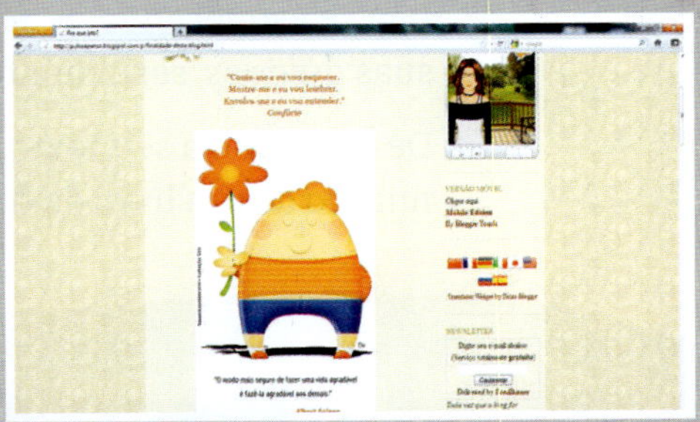

PULSOEPENSO.BLOGSPOT.COM/ ARQUIVO DA EDITORA

Nessa página, a jovem advogada e escritora expressa, por meio de citações e ilustrações, as razões que a levam a escrever seu *blog*.

Vamos conversar

Nesta primeira parte da unidade, você viu que é possível escrever uma obra de ficção – no caso, parte de uma novela – "imitando" a forma de um diário pessoal.

Viu também que, atualmente, muitas pessoas optam por escrever um *blog*, uma espécie de diário *on-line* que pode ser lido e compartilhado com quem tem acesso à internet. Ou seja: com muita gente!

Converse com seus colegas:

- Pode-se escrever "tudo" num diário pessoal. Afinal, trata-se de algo privado, a que só tem acesso a própria pessoa que escreve e, eventualmente, alguém de sua extrema confiança.
- Você acha que também se pode escrever "tudo" num *blog*?

Vamos **escrever**

Agora você vai criar uma continuação para o diário de Débora.

1. Primeiramente, imagine que você é uma das seguintes personagens:

- Felipe.
- Alexandre.

2. Agora relate num diário da personagem escolhida a mesma cena descrita por Débora, desde a ida à locadora até a volta para o prédio. Atente para os seguintes pontos:

- as indicações de data e hora serão as mesmas das do relato de Débora: "Sábado, mais ou menos 22h".
- Felipe e Alexandre estão acampando com o pai. Assim, escrevem seus diários à beira do mar ou de um rio.
- Se você escolheu Felipe, revele o que sentiu quando Débora o beijou. Gostou ou não? Ficou surpreso? Ficou tímido? Desabafe com "seu" diário: relate os acontecimentos detalhadamente, expresse suas dúvidas, etc.
- Se você escolheu Alexandre, relate os acontecimentos como alguém que assistiu (sem ser visto) à cena na locadora. O que achou? Ficou surpreso? Enciumado, porque gosta de Débora? Preocupado com seu irmão, pois sabe que ele é muito tímido? Preocupado com Débora, porque sabe que seu irmão não gosta dela? Conte tudo isso ao "diário", não se esquecendo de relatar a cena tal como sua personagem a viu e expressando suas dúvidas, sentimentos e conjecturas.
- Dê um título a seu texto. Afinal, não se trata de um "autêntico" diário, mas da continuação de um livro de ficção redigido sob a forma de diário!

NIK NEVES/ARQUIVO DA EDITORA

NIK NEVES/ARQUIVO DA EDITORA

VAMOS LER 2

Elias José (1936-2008) nasceu em Santa Cruz da Prata (MG). Poeta e escritor, além de professor, sua obra muitas vezes premiada destina-se tanto ao público adulto como às crianças e aos adolescentes.

Declaração *de amor*

AUTORES DE CONTOS, ROMANCES E ATÉ MESMO DE ANÚNCIOS PUBLICITÁRIOS PODEM USAR O FORMATO DE UM OUTRO GÊNERO DE TEXTO, COMO A CARTA PESSOAL, PARA IMPRESSIONAR DE UM MODO DIFERENTE SEU LEITOR.

Alô, Princesa:

Estou lhe escrevendo sem esperar resposta à carta anterior, porque telefonar longamente agora, com policiamento aqui em casa, não vai dar. A barra pesou feio! A conta telefônica deu alteração, foi nas alturas, e ligar pra Campinas, nesta casa, só eu. Eu tinha que pagar o pato. Até me arrepiei quando o velho chegou com a conta na mão, os olhos soltando chispas, o papel tremendo e a mãe entrando no coro para dar coreto. Fizeram meia hora de discurso, tiraram defuntos da cova, lançaram previsões como se fossem adivinhos. Disseram que eu já tenho idade de trabalhar, além de estudar, para pagar minhas despesas. Se eu fosse um aluno brilhante, tudo bem, mas sempre em recuperação, ou melhor, em recuperações, duas ou três por ano. Se eu quisesse fazer interurbanos tão longos, que usasse a minha mesada. Mesmo vermelho de raiva, quase ri. [...] É duro ser duro, Princesa! Mas não vou enumerar tudo o que ouvi, como se eu fosse o filho mais inconsequente e ingrato do mundo. Como se eu desconhecesse completamente o que é ser filho de gente da falida classe média brasileira. Como se eu fosse um alienado em economia e não manjasse nada do que se passa quando o salário deles chega. Sei tudo isso, como você sabe. Só que é tão bom esquecer o mundo e ficar só ouvindo a sua voz, Princesa. A sua voz no telefone, vindo de longe, mas bem gostosinha, perto do ouvido, dizendo coisas gostosas sobre a vida, sobre o amor. A gente precisa dar um jeito de estar junto. [...]

Você vê, é lógico!, que estou datilografando a carta e não escrevendo à mão. É, sim, com a máquina que a mãe me deu no aniversário. Eu não falei que logo estaria datilografando bem? Não sou nada burro!... [...] Acho que tenho futuro por aí... Veja se acha nos classificados dos jornais daí algum emprego que exija essas habilidades, recorte-o e me mande, por favor. Assim mataremos dois coelhos com uma mesma cajadada, como diz o vovô: não dou tantas despesas pro pai (nem de telefone, nem de boca, nem de roupa) e fico bem pertinho de você. Quero ajeitar uma pensão em sua rua, de preferência em frente à sua casa, mais de preferência ainda com a minha janela em frente à sua janela. Quero só ficar vigiando seus passos quando a gente não estiver junto. Vou levar o meu binóculo, que será útil para aproximar mais você de mim. [...]

Eu quero saber das suas novidades... Como vai a vida: Sua mãe melhorou dos nervos? Ela continua com a esperança de voltar com seu pai? Que coisa, como o amor pode acabar assim, Princesa? Nem acredito. Ela é uma mulher tão bonita, tão dedicada à casa e à profissão de professora, tão boa mãe... Não pode ter sido má esposa, não pode. O que será que seu pai achou na outra, que você me diz que é um bofe? Fico com pena de vocês, embora você me diga que sua mãe é durona e nem quer tocar mais no assunto. E você tem visto seu pai aos domingos? Espero que as coisas estejam melhores pra vocês... Tá bom, meu bem? [...]

As novidades daqui são simples e raras. Você sabe como são as cidades pequenas... Não sei como tem coragem de dizer que gosta mais daqui do que de Campinas. Talvez seja pela liberdade que a gente tem de sair, frequentar os clubes, chegar tarde, andar em bando, rindo de tudo e por tudo. Apesar da tristeza de sua ausência tenho me divertido sim. A nossa turminha continua aprontando: pouco estudo e muita festinha, campeonato de natação (não me pergunte, por caridade humana, a minha classificação) [...] Há alguns namoros novos e outros terminados. Como tenho o meu amor distante, nem quero saber que menina está sozinha ou querendo namorar. Juro que sou sincero! Também não sei por que não seria, se você é a minha P R I N C E S A. Sempre com maiúsculas, sempre bela como nenhuma outra, sempre a única. Sempre a que, mesmo estando longe, mora aqui em minha cabeça e toma conta de minhas horas. É tudo o que sinto, sei e quero.

Gostou da declaração? Não sou muito bom em poemas de amor, como queria ser. [...] Desculpe as besteiras. Tudo isso é enrolação pra dizer o que você já sabe, mas sinto dificuldade em dizer, mesmo escrevendo. Você sabe disso, não é, Princesa?

Acho que esta carta foi dose! Pior do que quando eu escrevia à mão. Não acha? Vou parando, com muitas saudades. Aceite meus longos abraços e quentes beijos, todo o meu amor pra Princesa mais linda do mundo. Do só e sempre seu

Rô

JOSÉ, Elias. *De amora e amor*. São Paulo: Atual, 1993. p. 13-8. (Título nosso).

Vamos **entender** o texto

1. Quem são as personagens principais do texto?

NIK NEVES/ARQUIVO DA EDITORA

2. Quem é o narrador do texto?

3. Em que lugar se passa a história?

4. Em que época se passa a história?

5. *Declaração de amor* é um **conto**, isto é, uma obra de ficção mais curta do que a novela e o romance. Assim como a autora de *O plano*, seu autor optou por estruturar seu texto na forma de um gênero textual não ficcional.

A. Que gênero é esse?

B. Em que marcas do texto você se baseou ao responder?

Práticas de linguagem

1. **Explique o significado das seguintes palavras ou expressões retiradas do texto:**

A. "A **barra pesou** feio!"

B. "Eu tinha que **pagar o pato**."

C. "Fizeram meia hora de discurso, **tiraram defuntos da cova** [...]. "

D. "Como se eu fosse um **alienado** em economia e não **manjasse** nada do que se passa quando o salário deles chega."

E. "Assim **mataremos dois coelhos com uma mesma cajadada**."

F. "Sua mãe **melhorou dos nervos**?"

G. "O que será que seu pai achou na outra, que você me diz que é um **bofe**?"

H. "Acho que esta carta **foi dose**!"

2. Você costuma usar as expressões trabalhadas na atividade anterior? É provável que não todas, pois se trata de vocabulário pouco empregado pelos jovens de hoje. Muitas delas são gírias. **Gírias** são termos usados por um grupo social – por exemplo, os jovens de determinada região, praticantes de uma modalidade esportiva, como esqueitistas e surfistas, e assim por diante.

Trata-se de uma linguagem bastante circunstancial e informal, e por isso mesmo está sempre variando. Assim, é provável que daqui a dez ou vinte anos as gírias que você usa hoje estejam esquecidas!

Na literatura, o emprego da gíria é um recurso para a caracterização de personagens e do tempo.

Por serem restritas a um grupo social, é comum as gírias atuais de uma região serem totalmente desconhecidas por habitantes de outras regiões.

Vamos montar um dicionário de gírias antigas e gírias atuais? Siga estas etapas para realizar o trabalho:

- **Primeira etapa** — Com seu grupo, escolha cerca de dez gírias que vocês usam com frequência.
- **Segunda etapa** — Escreva o significado de cada uma das gírias selecionadas.
- **Terceira etapa** — Crie uma frase com cada gíria selecionada.
- **Quarta etapa** — Cada membro do grupo coleta com seus pais ou responsáveis dez exemplos de gírias que eles usavam na juventude, anota os significados e elabora (com a ajuda dos adultos) uma frase com cada uma dessas gírias.
- **Quinta etapa** — O grupo reúne as palavras e expressões e monta o dicionário, dividindo-as em dois grupos: as de ontem e as de hoje. As palavras e expressões devem ser colocadas em ordem alfabética.

Vamos **relacionar** os textos

Complete as afirmações a seguir com as palavras disponíveis no quadro.

ATENÇÃO: nem todas as palavras do quadro serão empregadas.

A. Tanto *O plano* como *Declaração de amor* são obras de ____________ inspiradas em ____________ que, normalmente, não pertencem à literatura: o ____________ e a ____________, respectivamente.

B. Tanto em *O plano* como em *Declaração de amor* os ____________ são adolescentes que vivem em ____________.

C. Os ____________ são tema tanto de *O plano* como de *Declaração de amor*.

D. Tanto a autora de *O plano* como o autor de *Declaração de amor* procuram empregar uma ____________ em seus textos. Em ambos há presença de ____________.

zona rural	carta	gírias	poesia	novela	jovens
dilemas amorosos	*twitter*	ficção	telefone celular	língua portuguesa	
blog	a gente	linguagem informal	centros urbanos	classe média	
protagonistas	gêneros textuais	linguagem formal	diário		

Vamos **conversar**

Troque ideias com seus colegas sobre as seguintes questões:

- É "errado" usar gírias?
- É "feio" usar gírias?

USO DO S

Escrevem-se com *s* (som de *z*):

- os sufixos *-oso* e *-osa* dos adjetivos derivados de substantivos.
  teima → teimo**s**o; cheiro → cheiro**s**a
- os sufixos *-ês* ou *-esa* dos adjetivos pátrios ou dos que indicam o morador de algum lugar.
  francês → france**s**a; camponês → campone**s**a
- os títulos femininos de nobreza.
  duque**s**a barone**s**a prince**s**a
- os verbos derivados de palavras que têm *s* no radical.
  abra**s**ar (de bra**s**a) anali**s**ar (de análi**s**e)
- o fonema /z/ das formas dos verbos *pôr* e *querer* e seus derivados.
  pu**s**emos compu**s**er repu**s**esse qui**s**eram qui**s**er qui**s**era
- os substantivos que se formam de verbos terminados em *-ender*.
  pre**s**a (de pr**ender**) surpre**s**a (de surpre**ender**)
- o fonema /z/ que aparece após ditongo.
  coi**s**a cau**s**a

Ortografia
Uso de S

1. Use *s* ou *z*:

A. improvi___ar
B. aneste___iar
C. duque___a
D. campone___a
E. orgulho___a
F. repu___éssemos
G. mai___ena
H. lou___a
I. mole___a
J. defe___a
K. Neu___a
L. de___esseis
M. burguê___
N. utili___ar
O. amor___inho
P. pesqui___ar

NIK NEVES/ARQUIVO DA EDITORA

2. **Marque a alternativa em que todas as palavras são grafadas com *s*:**

A. [ ] simple____inho, qui____esse, arra____ar

B. [ ] apri____ionar, bi____avô, so____inha

C. [ ] canali____ar, holandê____, de____essete

D. [ ] aneste____iar, surde____, viuve____

3. **Explique por que as palavras da alternativa que você assinalou no exercício anterior são grafadas com *s*.**

____

____

____

____

____

____

Ampliando horizontes

O TEXTO A SEGUIR FALA SOBRE UM DOS MAIORES CLÁSSICOS DA LITERATURA UNIVERSAL — *ROMEU E JULIETA*, DE WILLIAM SHAKESPEARE.

Romeu e Julieta não tinham telefone celular

A história de Romeu e Julieta se passa em Verona, norte da Itália. Os dois jovens se apaixonam. Mas suas famílias se odeiam. Sabendo que os pais jamais autorizariam a união, casam-se em segredo, com a ajuda de Frei Lourenço. Logo depois Romeu se envolve numa briga, mata um homem. O Príncipe de Verona, indignado com o fato, condena Romeu ao exílio.

Romeu, em outra cidade. Sofrem Julieta e Romeu com a separação. Frei Lourenço entrega a Julieta um frasco com uma poção que a deixará em estado cataléptico durante dois dias, aparentemente morta (*living corpse*, um "cadáver vivo", como escreveu Shakespeare). E se compromete a levar Romeu à cripta da família dela, a fim de que, tão logo a moça acorde da falsa morte, o casal fuja e viva feliz para sempre.

Mas Romeu não sabe do plano. Frei Lourenço envia Frei João com a missão de avisar o rapaz. E aí começam os problemas de comunicação. Este segundo franciscano não consegue sair de Verona. A carta não chega ao herói desinformado. Romeu, no entanto, por intermédio de seu criado, to-

Claire Danes e Leonardo DiCaprio no filme *Romeu e Julieta*, de 1996, dirigido por Baz Luhrmann.

ma conhecimento da morte de Julieta (informação pela metade), e retorna a Verona secretamente.

Quando Romeu se aproxima de Julieta, supostamente morta, desespera-se e se suicida, tomando uma dose de veneno. Frei Lourenço chega, vê o corpo de Romeu estatelado. Julieta desperta e se mata também, com um punhal, para unir-se ao amado.

Toda essa tragédia teria sido evitada (causando-nos grande perda literária) caso Frei Lourenço dispusesse de algumas opções. Enviar um telegrama a Romeu, por exemplo. Ou talvez um *e-mail*. Outra possibilidade seria ligar para o telefone celular de Romeu. Aliás, Julieta e Romeu, se celulares tivessem, conversariam antecipadamente sobre o plano de Frei Lourenço e, passado o efeito da poção, marcariam eles mesmos o reencontro.

[...]

Gabriel Perissé. 14 jun. 2007. Disponível em: <http://www.correiocidadania.com.br/content/view/471/53/>. (Acesso em 8 set. 2008).

Vamos conversar

Responda agora às perguntas:

1. **No texto, o autor faz um resumo de uma das mais famosas histórias de amor de todos os tempos: a dos jovens apaixonados Romeu e Julieta. A peça, escrita por William Shakespeare (1564-1616), passa-se na cidade de Verona, no século XVI.**

A. De acordo com o texto que lemos, que obstáculo social o amor entre Romeu e Julieta teve de enfrentar?

B. Ainda de acordo com o texto, que obstáculo tecnológico o jovem casal encontrou em seu caminho?

2. **Forme um grupo de quatro colegas: vocês vão criar um novo final para a história de Romeu e Julieta. Imaginem que os dois namorados usam um dos meios de comunicação de que hoje dispomos (internet, celular) e conseguem ficar juntos.**

Usem as linhas a seguir para anotar as ideias sugeridas pelo grupo. Em seguida, um de vocês vai contar a história para a classe e ouvir as que os outros grupos criaram.

____

____

____

____

____

Vamos escrever

Agora você vai escrever um conto, imaginando que será publicado numa antologia de narrativas ficcionais epistolares. Seu ponto de partida será *Declaração de amor*, que você leu na seção **Vamos ler 2**. Escolha uma das opções a seguir.

1. Imagine que você é a "princesa" de Rô e responda à carta apaixonada do namorado. Se preferir, imagine que é um colega de escola da "princesa" que também está interessado na garota. Siga estas orientações:

- Invente um nome para a "princesa" ou para seu colega de escola.
- Comece sua carta com um vocativo, isto é, escreva o nome (ou apelido) do destinatário da carta (Rô ou "princesa"). Se quiser, use também algum termo afetivo (querido(a), amado(a), fofo(a), etc.).
- Se você escolheu escrever em nome da "princesa", conte o que anda fazendo, o que tem sentido na ausência do namorado, seus planos, suas dúvidas. Comente também as coisas que Rô escreveu a ela no texto 2 (os planos de mudança para Campinas, por exemplo).
- Se você escolheu escrever em nome do admirador da "princesa", em primeiro lugar justifique o gesto de escrever-lhe. Afinal, a "princesa" está namorando e não espera receber cartas de outro garoto. Depois, conte o que sente por ela, há quanto tempo, suas esperanças e dúvidas. Se quiser, comente também que você sabe que ela e Rô estão juntos e apaixonados, e o que pensa disso.
- Despeça-se de seu correspondente.

NIK NEVES/ARQUIVO DA EDITORA

2. Imagine que muitos anos se passaram: Rô e a "Princesa" estão hoje casados e são pais de uma menina de 13 anos.

- Ela está apaixonada por um garoto de sua idade, e é correspondida. Ele mora a quinhentos quilômetros de distância dela.
- Nenhum dos dois têm telefone celular: os pais de ambos acham que eles são muito jovens para isso. Acham também que são muito jovens para namorar, sobretudo assim, à distância, e impõem limites para o uso da internet entre os garotos: apenas uma hora por dia, e só por *e-mail*.
- É nessa situação que a protagonista de seu conto se encontra: ela vai escrever para seu querido contando todos os desafios e dificuldades por que tem passado para não deixar morrer a relação deles.
- Escolha o nome pelo qual a garota chama o garoto: sua mensagem vai começar por esse vocativo, acrescido (ou não) por um termo afetuoso.
- Escolha também o nome pelo qual a garota assina sua mensagem para o garoto: sua mensagem vai terminar com palavras de despedida e com essa assinatura.

Seja qual for a opção que você escolheu, a linguagem poderá ser informal, mas gramaticalmente correta, como nos dois textos que você leu nesta unidade. Afinal, trata-se de uma "falsa" carta ou mensagem: quem vai lê-la "de verdade" é o leitor da antologia de contos onde seu texto será "publicado".

- Dê um título para seu conto.

Auto-avaliação e reescrita

Entregue o conto que você acaba de escrever a um colega e pegue o dele: façam uma leitura comentada das respectivas produções. Procurem orientar-se pelo quadro a seguir.

sim	não	
☐	☐	O conto segue a estrutura de uma carta ou mensagem, isto é, começa com um vocativo e termina com palavras de despedida e assinatura?
☐	☐	O conto foi escrito em 1ª pessoa, como se fosse o(a) protagonista?
☐	☐	A linguagem está adequada à caracterização das personagens e ao leitor da "antologia"?
☐	☐	Os acontecimentos, sentimentos, dúvidas, etc. relatados pela personagem estão de acordo com as orientações dadas? Releiam-nas e verifiquem.
☐	☐	O título está interessante e "combina" com o restante do conto?

Depois de comentar os contos com seu colega, retome seu texto e faça as alterações que julgar necessárias e pertinentes. Em seguida, passe-o a limpo e entregue-o ao professor.

Unidade 2

A CRÔNICA

- **FOCO:** o olhar do cronista / o cronista e seu leitor.
- **GÊNERO:** crônica.
- **PRÁTICAS DE LINGUAGEM:** discurso direto; ironia; advérbios de modo; acentuação gráfica.

VAMOS LER 1

Walcyr Carrasco nasceu no estado de São Paulo em 1951. É jornalista, cronista, autor de peças teatrais, roteiros de televisão e livros infantojuvenis. Seus textos, em geral, são carregados de um humor atual e inteligente.

THEO/ARQUIVO DA EDITORA

Os netos de *Lennon*

VOCÊ CERTAMENTE SE LEMBRA DE COMO ERA QUANDO CRIANÇA. E SERÁ QUE SE LEMBRA DA IMPRESSÃO QUE OS ADULTOS QUE O(A) CONHECERAM NESSA FASE DA SUA VIDA TINHAM DE VOCÊ?

Nada como umas boas férias para sofrer uma crise histérica com as crianças. Não com todas, é claro. Refiro-me a um tipo especial de anjinho, cada vez mais frequente na cidade. Seus pais, tios e avós amavam os Beatles e os Rolling Stones. Frutos de uma omelete de teorias libertárias, as gracinhas podem tudo — e atormentam a todos. Há três semanas, um casal foi almoçar lá em casa, com a filha. Servi macarrão com molho *al pesto*.

A sinhazinha, do alto de seus 7 anos, experimentou, torceu o nariz e declarou aos gritos:

— Está horrível, horrível!

Disfarcei, achando que a mãe devia estar morta de vergonha. Coisa nenhuma. Estava feliz, até orgulhosa:

— Minha filha é muito autêntica.

A autêntica começou a bater a colher no prato, espalhando o molho verde pela toalha de renda. Arreganhei os lábios, tenso. O pai sorriu:

— Acho que você não foi muito feliz no cardápio. Ela prefere *sundae*. Tem mania de misturar sorvete com *bacon*.

Prometi intimamente servir dobradinha com açúcar queimado se alguma vez os en-

contrasse de novo pela frente. Quando eu era pequeno, minha mãe me obrigava a comer um pouco e fingir que gostava. Agora devo continuar gentil enquanto a jovem *gourmande* atira um fiapo de espaguete nos meus óculos.

Recentemente, em uma livraria, vi um menino agarrar o rolo de papel da máquina de calcular da caixa. Enquanto a pobre moça tentava salvar suas contas, a mãe assistia à cena placidamente. Conheço outro garoto que, mal chegado à casa alheia, atira-se com os sapatos sujos sobre o sofá, pula nas almofadas e agarra os cinzeiros de vidro sem ouvir um *ah!* da mãe, que mantém a expressão extasiada porque ele "é muito esperto". Estive próximo de um ataque cardíaco certa vez em que decidi levá-lo a passear no *shopping*. Correr atrás dele pelas lojas equivaleu a um treino para disputar as Olimpíadas. Ele simplesmente parecia incapaz de perceber o sentido da palavra *não*. Para os espíritos aventureiros, o ideal é ir no fim de semana a algum *shopping* da moda e conviver com a nova geração de superliberados. São centenas de crianças agitadas como abelhas e propensas a trombar nas pernas alheias, como se os adultos fossem um trambolho incômodo. Pior: o espírito antirrepressor da educação parece resultar em pequenas personalidades autoritárias.

— Pai, eu quero *pizza* já!

— Mas...

— Já, pai, agora mesmo!

Muitas têm manias que me surpreendem. Levei um susto no restaurante japonês. A menina, de uns 8 anos, chegou com os pais. Pediu, sofisticada:

— *Sushi*. Mas só de atum, com pouca mostarda. Cuidado, da outra vez você exagerou. Rápido, estou com fome.

O *sushiman* ficou olhando chocado, com a faca erguida. Fechei os olhos. Quando abri, ela comia agilmente, com os palitinhos nipônicos. Já vi cenas semelhantes em lojas. Um garoto:

— Este tênis nunca, nunca!

O pai tímido:

— Mas é igual ao outro e mais barato, filho.

— Eu só uso da minha marca!

Muitas crianças conhecem grifes, perfumes, a maioria tem um pé na computação, nenhuma resiste a um *video game*. Fazem os

THEO/ARQUIVO DA EDITORA

pais comprarem o que querem e, por isso, os lojistas as recepcionam com sorrisos e suspiros. Perdi uma grande amiga por causa do rebento. Resisti a tudo: mordidas nas almofadas, livros rasgados. Até o dia em que esqueci a porta aberta e ele se pendurou no murinho da varanda do 6º andar, onde vivo. Gritei, assustado:

— Sai daí, você vai cair.

O anjinho sorriu, uma das pernas balançando no espaço. Olhei para o lado: a mãe folheava uma revista calmamente. Eu me senti o próprio Indiana Jones. Dei três saltos, mergulhei de cabeça e o atirei ao chão. A mãe veio, furiosa:

— Você não tinha o direito. Deixou o menino fora de si. Impediu que ele tivesse a experiência integralmente. Como é que a cabecinha dele vai reagir?

— Cair do 6º andar é uma experiência integral?

Muitas vezes, minha vontade é dar um belo beliscão à antiga em alguns desses netos de Lennon. Mas me contenho. A culpa afinal não é deles, mas de uma geração de pais com horror à palavra *não*. E um bom *não*, sinceramente, não faz mal a ninguém.

CARRASCO, Walcyr. Os netos de Lennon. In: ___. *O golpe do aniversariante*. São Paulo: Ática, 2003. p. 20-2. (Coleção Para Gostar de Ler).

Conexão com Etimologia

Tênis

Acredita-se que a palavra *tênis* tenha origem francesa.

Os tenistas franceses gritavam *Tenez!* ("Pega!") quando sacavam.

Os ingleses adaptaram a palavra *tenez* à sua língua. Daí resultou o termo *tennis*, que se tornou o nome internacional desse esporte, inclusive na França. Depois, o nome do esporte se estendeu aos calçados esportivos em geral.

GALINA BARSKAYA/SHUTTERSTOCK/GLOW IMAGES

Jogo de duplas em torneio profissional de tênis.

Vamos **entender** o texto

Antes de responder às perguntas, leia o quadro abaixo.

Era um garoto que como eu...

Nas décadas de 1960 e 1970, o mundo viveu uma onda de contestação social: muitos jovens passaram a questionar o que chamavam de modo tradicional de vida de seus pais e a propor transformações no comportamento e nos valores da sociedade.

Foi nessa época que o *rock*, nascido na década de 1950, se firmou: grupos como The Beatles e The Rolling Stones tornaram-se símbolos e portadores das ideias de rebeldia da juventude.

Logo no primeiro parágrafo da crônica *Os netos de Lennon*, o autor faz menção a essas duas famosas bandas. Na verdade, ele está se referindo mais especificamente a uma das canções mais conhecidas nessa época. Composta pelos italianos Mauro Lusini e Francesco Migliacci, chamava-se *Era um garoto que como eu amava os Beatles e os Rolling Stones* (na tradução de Brancato Júnior) e transformou-se num verdadeiro hino dessa geração.

Uma das ideias mais defendidas pelos jovens das décadas de 1960 e 1970 era a de liberdade, sobretudo em relação aos valores das gerações mais velhas. A palavra *libertárias*, que está presente na crônica lida, refere-se a essas ideias.

John Lennon em 1965. Mick Jagger nos anos 1960.

EVERETT COLLECTION/LATINSTOCK

ALBUM CINEMA/LATINSTOCK

1. Em *Os netos de Lennon*, o cronista conta episódios de seu convívio com diversas crianças. Preencha as lacunas do quadro abaixo para relembrar os casos que ele conta.

	COMPORTAMENTO
Criança 1	
Criança 2	
Criança 3	
Criança 4	
Criança 5	

Criança 6

Criança 7

2. Ao contar essas situações de seu dia a dia, o cronista comenta-as e se posiciona em relação a elas.

A. Como ele se posiciona em relação a essas situações?

B. A quem o cronista pretende atingir com essa opinião?

3. **Ironia** é uma figura de linguagem que consiste em afirmar o contrário do que se pretende realmente dizer. Por exemplo, se quiséssemos criticar um prefeito usando a ironia, diríamos: "Grande prefeito aquele: gastou muito e não fez nada". Se o prefeito gastou muito e não fez nada, evidentemente não é um "grande prefeito", muito pelo contrário...

A. Levando isso em conta, identifique a ironia nas frases extraídas da crônica lida:

- "Frutos de uma omelete de teorias libertárias, as gracinhas podem tudo – e atormentam a todos."

- "O anjinho sorriu, uma das pernas balançando no espaço."

B. Transcreva do texto dois outros exemplos que contenham ironia e explique seus sentidos.

4. **Ao longo da crônica, o autor utilizou outras palavras e expressões para designar o tipo de criança que, segundo ele, é cada vez mais comum encontrar. Explique o sentido que os termos destacados abaixo adquirem dentro do texto. Se necessário, faça uma pesquisa na internet, num dicionário ou numa enciclopédia.**

A. netos de Lennon

B. sinhazinha

5. **Observe os termos destacados nos trechos da crônica transcritos a seguir. Tente explicar o significado deles com suas próprias palavras. Se necessário, consulte um dicionário.**

A. "Perdi uma grande amiga por causa do **rebento**."

B. "[...] ela comia agilmente, com os palitinhos **nipônicos**."

C. "Pediu, **sofisticada**:
— *Sushi*."

D. "— Minha filha é muito **autêntica**."

E. "[...] a mãe assistia à cena **placidamente**."

THEO/ARQUIVO DA EDITORA

F. "Conheço outro garoto que, mal chegado à casa alheia, atira-se com os sapatos sujos sobre o sofá, pula nas almofadas e agarra os cinzeiros de vidro sem ouvir um *ah!* da mãe, que mantém a expressão **extasiada** [...]."

G. "Nada como umas boas férias para sofrer uma **crise histérica** com as crianças."

H. "São centenas de crianças agitadas como abelhas e **propensas** a trombar nas pernas alheias [...]."

6. **Na crônica *Os netos de Lennon* ocorrem vários estrangeirismos, isto é, palavras que pertencem a outras línguas e são usadas por nós.**

Liste três estrangeirismos presentes no texto e dê seu significado.

7. **Da leitura de *Os netos de Lennon*, pode-se concluir que:**

A. [ ] o cronista detesta crianças em geral.

B. [ ] o cronista detesta crianças com determinado tipo de comportamento e afirma que a culpa é toda delas.

C. [ ] o cronista detesta o comportamento de determinadas crianças e afirma que a culpa não é delas, mas da educação que receberam de seus pais.

Práticas de linguagem

Antes de fazer as atividades, leia o quadro abaixo.

Discurso direto

O autor de *Os netos de Lennon* recorre ao diálogo entre as personagens para construir a narrativa. Observe este exemplo:

"A sinhazinha, do alto dos seus 7 anos, experimentou, torceu o nariz e **declarou** aos gritos:

– Está horrível, horrível!"

Repare que a fala da "sinhazinha" é precedida por um travessão, que dá início ao parágrafo.

Quando as personagens de uma narrativa ou de um relato "falam" diretamente – isto é, têm sua fala reproduzida tal como a teriam dito –, ocorre o que se chama de **discurso direto**.

No discurso direto, é comum o narrador usar um verbo para anunciar a fala e o modo como foi dita – no caso do trecho que estamos analisando, esse verbo é *declarar*.

Verbos que têm essa função são chamados **verbos *dicendi***. A palavra latina *dicendi* significa "de dizer" – ou seja, um verbo ***dicendi*** é um **verbo de dizer**, um verbo usado para dizer. Veja outros exemplos de verbos *dicendi*: *dizer*, *falar*, *perguntar*, *afirmar*, *retrucar*, *gritar*, *resmungar*, *sussurrar*, etc.

O verbo *dicendi* também pode aparecer depois da fala da personagem:

– Está horrível, horrível! – **declarou** aos gritos a sinhazinha.

1. **Releia os trechos abaixo e sublinhe os verbos *dicendi*.**

A. "O pai sorriu:
— Acho que você não foi muito feliz no cardápio. Ela prefere *sundae*. Tem mania de misturar sorvete com *bacon*."

B. "Gritei, assustado:
— Sai daí, você vai cair."

C. "Pediu, sofisticada:
— *Sushi*. Mas só de atum, com pouca mostarda. Cuidado, da outra vez você exagerou. Rápido, estou com fome."

D. Nas manifestações, os estudantes gritavam:
— Abaixo a repressão!

E. Antes de eu domir, minha mãe cantava baixinho:
— "Boi, boi, boi, boi da cara preta..."

F. Assim que chegou em casa, Marcos anunciou:
— Passei no vestibular!

2. **Observe as duas construções:**

Fernando contou ao amigo que o pai lhe **tinha dado** uma bronca daquelas.

Fernando contou ao amigo:

— Meu pai me deu uma bronca daquelas.

Faça como no exemplo: passe as frases a seguir para o discurso direto. Atente para a mudança de tempo verbal.

A. Ela implorou à irmã mais nova que fizesse o favor de não contar a todos o seu segredo.

B. Solicitou ao motorista do táxi que o levasse ao centro da cidade.

C. Flávio pediu ao irmão que esperasse um pouco mais.

D. Carlos disse à mãe que tinha achado muito divertido o passeio com a turma.

3. A transformação abaixo serve para reduzirmos a quantidade de *quês* numa frase:

A resposta **que o filho deu** estressou o pai, que ficou furioso.

*A resposta **dada pelo filho** estressou o pai, que ficou furioso.*

Faça a mesma transformação nas frases a seguir.

A. Todas as sugestões que a mãe apresentou foram recusadas pela filha, que se mostrou inflexível.

B. As respostas que os entrevistados deram revelam que o conflito de gerações continua sendo uma realidade na vida humana.

C. As novas normas que os diretores propuseram evidenciam que eles têm personalidade autoritária.

D. O comportamento que a garota exibiu irritou o anfitrião, que era uma pessoa extremamente polida.

______

______

4. Veja como podemos substituir uma locução adverbial por um advérbio:

A mãe folheava uma revista **com calma**.

*A mãe folheava uma revista **calmamente**.*

Nas orações propostas, substitua a locução adverbial por um advérbio de mesmo sentido.

A. O anjinho tratou a caixa com agressividade.

______

B. A sinhazinha referiu-se à comida com desrespeito.

______

______

C. Certos pais educam as crianças de modo irresponsável.

______

______

D. Em tempos recentes, quase tive um ataque histérico com uma criança consumista.

______

______

THEO/ARQUIVO DA EDITORA

ACENTUAÇÃO GRÁFICA

1. Palavras oxítonas

Acentuam-se as palavras oxítonas terminadas em:

a) *a, e, o*, seguidas ou não de *s*: babá, até, cipó.

b) *em, ens* (palavras de duas ou mais sílabas): ninguém, parabéns.

c) ditongos abertos *éi, éu, ói*, seguidos ou não de *s*: anéis, chapéu, herói.

2. Palavras monossílabas

Acentuam-se as palavras monossílabas tônicas terminadas em:

a) *a, e, o*, seguidas ou não de *s*: lá, pé, só.

b) ditongos abertos *éi, éu, ói*, seguidos ou não de *s*: géis, céu, sóis.

3. Palavras com hiato

Nas palavras caída, faísca, baú acentuam-se o *i* e o *u* tônicos dos hiatos, seguidos ou não de *s*.

Observe que, nesses casos, o *i* e o *u* são a segunda vogal do hiato, estão na sílaba tônica da palavra e aparecem sozinhos na sílaba, mesmo que estejam acompanhados de *s*.

4. Terceira pessoa do plural dos verbos *ter* e *vir* e seus compostos

Acentua-se a terceira pessoa do plural do presente do indicativo dos verbos *ter* e *vir* e seus compostos: eles têm, vocês vêm, vocês detêm, eles intervêm.

Ortografia
Acentuação

1. Releia a teoria de acentuação dada e acentue as palavras quando necessário.

A. ca: ______ F. raizes: ______ K. cipo: ______

B. angu: ______ G. graudo: ______ L. papeis: ______

C. tatu: ______ H. pneu: ______ M. egoista: ______

D. (isso) convem: ______ I. ilheu: ______ N. farao: ______

E. reu: ______ J. bau: ______ O. [eles] retem: ______

2. Numere os grupos de palavras de acordo com as normas que justificam sua acentuação gráfica.

[1] oxítonas terminadas em *a(s), e(s), o(s)*

[2] ditongos abertos *éi, éu, ói* em palavras oxítonas

[3] *i* e *u* isolados em hiato

[4] monossílabas tônicas terminadas em *a(s), e(s), o(s)*

A. [ ] pás – pó – ré

B. [ ] açaí – caída – baú

C. [ ] véu – mói – pastéis

D. [ ] sofá – vovô – bebê

3. Marque a opção em que só há palavras monossílabas.

A. [ ] preá – refém – sol

B. [ ] réis – mel – cá

C. [ ] javali – céu – daí

D. [ ] veículo – fé – til

4. **Marque a opção em que só há palavras com hiato.**

A. ☐ café – geleia – saída

B. ☐ moloide – alguém – voo

C. ☐ bisturi – caqui – Jaú

D. ☐ Tatuí – Jacareí – Icaraí

5. **Marque a opção em que só há palavras oxítonas.**

A. ☐ alívio – círculo – réptil – heroína

B. ☐ renúncia – gráfico – providência – níquel

C. ☐ nômade – mês – veículo – colmeia

D. ☐ vocês – cajá – acarajé – convêm

Conexão com Cultura

Palitinhos milenares

Você talvez já tenha passado por esta experiência: em vez de garfo e faca, usar dois palitinhos, geralmente de madeira, na hora de fazer a refeição. É provável que esse par de pauzinhos – chamados *hashi*, em japonês – tenha sido o primeiro instrumento que o ser humano inventou para transportar o alimento do prato até a boca. O objetivo era evitar que as mãos sujassem a comida – e que a comida sujasse as mãos de quem está comendo –, uma vez que o prato era comunitário.

Os *hashi* são usados diariamente em vários países orientais, como a China e o Japão. E isso há milhares de anos!

EDUARDO SANTALIESTRA/ARQUIVO DA EDITORA

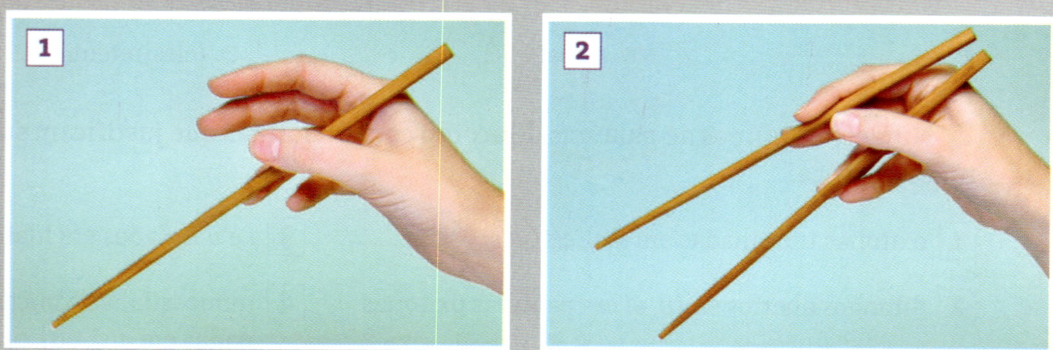

Para comer com *hashi*, apoia-se um dos palitos no dedo anelar e na curva da mão entre o polegar e o indicador. Segura-se o outro palito com os dedos polegar, médio e indicador. Somente este será mobilizado para apanhar a comida.

Vamos escrever com esquema

O texto 1 mostra alguns conflitos envolvendo crianças mimadas e autoritárias, que às vezes causam problemas para seus pais, outras vezes desagradam a terceiros.

Complete o esquema abaixo, mostrando um conflito entre um pai (ou uma mãe) e seu filho (ou sua filha). Leve em conta que é você quem está narrando esse conflito:

Aquela era a minha família, uma família comum, como milhões de outras, até que aconteceu uma novidade: ____.

Inicialmente, todos pensaram que aquela mania que eu tinha adquirido era passageira mas, com o passar dos dias, meus pais começaram a preocupar-se, pois ____.

Meu pai / Minha mãe fez tudo para mudar meu comportamento. Eu, porém, ____.

Até que um dia eu ____.

THEO/ARQUIVO DA EDITORA

Vamos conversar

Entreviste duas pessoas adultas a respeito do comportamento dos jovens na atualidade. Faça a elas as perguntas do quadro a seguir e anote as respostas. O que você acha que elas vão responder: elas gostam ou não do comportamento dos jovens?

Nome do entrevistado: ______________________________

Idade: ________ anos

1. Conte duas situações sobre os jovens: uma em que você tenha presenciado um(a) jovem realizando alguma ação exemplar, de cidadania ou de boa educação, e outra em que você tenha ficado chocado(a) com o comportamento de algum(a) jovem.

____

____

____

____

____

____

____

____

2. Pensando de modo geral nos jovens de hoje, você acha que eles se tornarão adultos bem preparados para cuidar da sociedade no futuro? Por quê?

____

____

____

____

____

____

____

____

Nome do entrevistado: ______________________________

Idade: ________ anos

1. **Conte duas situações sobre os jovens: uma em que você tenha presenciado um(a) jovem realizando alguma ação exemplar, de cidadania ou de boa educação, e outra em que você tenha ficado chocado(a) com o comportamento de algum(a) jovem.**

____

____

____

____

____

____

____

____

____

____

2. **Pensando de modo geral nos jovens de hoje, você acha que eles se tornarão adultos bem preparados para cuidar da sociedade no futuro? Por quê?**

____

____

____

____

____

____

____

____

____

____

Feitas as entrevistas, leve as respostas para a sala e, sob a orientação de seu professor, compartilhe-as com seus colegas. Anote nas linhas abaixo algumas das situações e das opiniões relatadas, pois elas serão úteis para sua produção de texto a seguir. Depois disso, troque opiniões com seus colegas sobre o comportamento dos jovens.

____

____

____

____

____

____

____

____

____

____

Vamos escrever

Você vai compor uma crônica parecida com a que nós lemos no início desta unidade. Mas, em vez de tratar das atitudes das crianças, você deverá tratar do comportamento dos jovens de hoje. Siga as orientações:

- Comece deixando claro em seu texto se você gosta ou não do comportamento dos jovens, que será o assunto do texto.
- Ao longo da crônica, utilize os relatos coletados nas entrevistas e vá mostrando ao leitor do texto a sua opinião a respeito do comportamento em foco em confronto com as opiniões dos entrevistados.
- Você também pode utilizar ironias, seja contra o comportamento dos jovens, se você o estiver criticando, seja contra as pessoas que o criticam, se o estiver valorizando.
- Não se esqueça de dar um título à sua crônica.

THEO/ARQUIVO DA EDITORA

VAMOS LER 2

Mario Prata nasceu no estado de Minas Gerais e passou a juventude no interior de São Paulo. Foi gerente de agência bancária e quase se tornou economista (cursou Economia na USP). A carreira de escritor surgiu quase por acaso – um dia de 1969, sem ter o que fazer, começou a escrever o romance *O morto que morreu de rir*, depois publicado pelo centro acadêmico de sua faculdade. Daí em diante não parou mais e acumulou sucessos em todos os ramos possíveis para um escritor: teatro, televisão, cinema e literatura.

THEO/ARQUIVO DA EDITORA

O coelho e o *cachorro*

AONDE SERÁ QUE A CONVIVÊNCIA DESSES DOIS ANIMAIS PODE LEVAR?

De vez em quando surgem umas histórias que todos que contam juram ser verdade e até dizem que tem um primo que conheceu a vizinha da sobrinha da pessoa com a qual aconteceu [...].

Agora pintou uma nova. Simplesmente genial. Quem me contou garante que aconteceu na Granja Vianna, bairro de classe média alta em São Paulo, semana passada.

Eram dois vizinhos. O primeiro vizinho comprou um coelhinho para os filhos. Os filhos do outro vizinho pediram um bicho para o pai. O doido comprou um pastor-alemão.

Papo de vizinho:

— Mas ele vai comer o meu coelho.

— De jeito nenhum. Imagina. O meu pastor é filhote. Vão crescer juntos, pegar amizade. Entendo de bicho. Problema nenhum.

E parece que o dono do cachorro tinha razão. Juntos cresceram e amigos ficaram. Era normal ver o coelho no quintal do cachorro e vice-versa. As crianças, felizes.

Eis que o dono do coelho foi passar o final de semana na praia com a família e o coelho ficou sozinho. Isso na sexta-feira. No domingo, de tardinha, o dono do cachorro e a família tomavam um lanche, quando entra o pastor-alemão na cozinha. Pasmo.

Trazia o coelho entre os dentes, todo imundo, arrebentado, sujo de terra e, é claro, morto. Quase mataram o cachorro.

— O vizinho estava certo... E agora, meu Deus?

— E agora?

A primeira providência foi bater no cachorro, escorraçar o animal, para ver se ele

escorraçar: expulsar para fora de casa.

aprendia um mínimo de civilidade e boa vizinhança. Claro, só podia dar nisso. Mais algumas horas e os vizinhos iam chegar. E agora? Todos se olhavam. O cachorro rosnando lá fora, lambendo as pancadas.

alarido: gritaria.

[...]

Não se sabe exatamente de quem foi a ideia, mas era infalível.

— Vamos dar um banho no coelho, deixar ele bem limpinho, depois a gente seca com o secador da sua mãe e coloca na casinha dele no quintal.

Como o coelho não estava muito estraçalhado, assim fizeram. Até perfume colocaram no falecido.

— Ficou lindo, parece vivo — diziam as crianças.

[...]

Umas três horas depois eles ouvem a vizinhança chegar. Notam o alarido e os gritos das crianças.

— Descobriram!

Não deram cinco minutos e o dono do coelho veio bater à porta. Branco, lívido, assustado. Parecia que tinha visto um fantasma.

THEO/ARQUIVO DA EDITORA

— O que foi? Que cara é essa?

— O coelho... O coelho...

— O que tem o coelho?

— Morreu!

Todos:

— Morreu? Inda hoje de tarde parecia tão bem...

— Morreu na sexta-feira!

— Na sexta?

— Foi. Antes de a gente viajar as crianças enterraram ele no fundo do quintal!

***

A história termina aqui, neste domingo de páscoa, de noite. O que aconteceu depois não interessa. Nem ninguém sabe.

Mas o personagem que mais me cativa nessa história toda, o protagonista da história, é o cachorro.

Imaginem o pobre do cachorro que, desde sexta-feira, procurava em vão pelo amigo de infância, o coelho. Depois de muito farejar, descobre o corpo. Morto. Enterrado. O que faz ele? Provavelmente com o coração partido, desenterra o pobrezinho e vai mostrar para os seus donos. [...]

O cachorro é o herói. O bandido é o dono do cachorro. O ser humano. Sim, nós mesmos, que não pensamos duas vezes. Para nós o cachorro é o irracional, o assassino confesso. E o homem continua achando que um banho, um secador de cabelos e um perfume disfarçam a hipocrisia, o animal desconfiado que tem dentro de nós.

Julgamos os outros pela aparência, mesmo que tenhamos que deixar esta aparência como melhor nos convier. Maquiada.

Coitado do cachorro. Coitado do dono do cachorro. Coitados de nós, animais racionais.

PRATA, Mario. O coelho e o cachorro. In: *Istoé*, n. 1490, 22 abr. 1998. (Texto adaptado).

Vamos **entender** o texto

1. Na história contada pelo cronista, quem são as personagens?

2. Qual foi o receio do dono do coelho quando seu vizinho comprou um pastor-alemão?

3. A partir do momento em que o pastor-alemão surge trazendo o coelho morto, ocorrem equívocos em série. Complete o quadro a seguir para reconstituí-los.

O cão pastor surge trazendo o coelho morto. 	Como o dono do cão reage?
Os donos do coelho voltam de viagem e encontram o coelho em sua casinha. 	Como o dono do coelho reage?
O dono do coelho comunica ao vizinho que o coelho havia morrido. 	Como o dono do cão reage?

ILUSTRAÇÕES: THEO/ARQUIVO DA EDITORA

4. Leia o quadro a seguir, antes de responder às questões propostas.

Crônica

Tanto *Os netos de Lennon* quanto *O coelho e o cachorro* são **crônicas**.

Nesse gênero textual, o autor conta algum acontecimento que viveu ou de que ouviu falar para, a partir daí, fazer comentários e reflexões de caráter mais abrangente.

Em geral, as crônicas são publicadas em jornais, revistas, *sites*, etc., pois tratam de temas que estão na ordem do dia. É como se o cronista dialogasse com seu leitor a respeito desses temas, numa espécie de conversa aparentemente descompromissada.

Às vezes, por sua qualidade e popularidade, entre outras razões, as crônicas são reunidas em coletâneas e publicadas em livros.

Assinale a alternativa mais adequada à crônica *O coelho e o cachorro*. Nos dois primeiros parágrafos, o cronista dá início a sua "conversa" com o leitor:

A. ☐ contando-lhe como é sua relação com parentes, vizinhos e amigos.

B. ☐ afirmando-lhe que a história que vai contar aconteceu "de verdade".

C. ☐ informando-o a respeito da origem – talvez duvidosa – da história que vai contar.

D. ☐ comentando com ele que a relação entre coelhos e cães é perigosa.

5. Transcreva do texto uma passagem que justifique sua resposta à atividade anterior.

____

____

____

____

____

6. Continue assinalando a alternativa mais adequada à crônica *O coelho e o cachorro*. Nos seis últimos parágrafos, o cronista retoma e finaliza sua "conversa" com o leitor:

A. ☐ convidando-o a refletir sobre os problemas que a convivência entre vizinhos sempre acarreta.

B. ☐ convidando-o a refletir sobre a dificuldade de convivência entre animais de estimação de naturezas muito diferentes.

THEO/ARQUIVO DA EDITORA

C. ☐ convidando-o a refletir sobre diferenças e semelhanças entre a natureza dos animais ditos irracionais e dos seres humanos, ditos racionais.

D. ☐ convidando-o a refletir sobre a bondade de todos os coelhos e cachorros e a maldade de todos os seres humanos.

7. Transcreva do texto uma passagem que justifique sua resposta à atividade anterior.

8. Qual sua opinião a respeito das atitudes do dono do cão pastor?

Práticas de linguagem

1. Podemos unir duas orações numa só, empregando a conjunção *mas*:

O cachorro era inocente. O cachorro não deixou de apanhar por causa disso.

O cachorro era inocente, mas não deixou de apanhar por causa disso.

Observe que a conjunção *mas* introduz uma oração que está em relação de oposição com a primeira: se o cachorro era inocente, não havia razão alguma para apanhar – apesar disso (*mas*), ele apanhou.

Faça como no exemplo nas orações a seguir:

A. Há leis que punem quem maltrata os animais. Elas raramente são cumpridas.

B. As baleias parecem peixes. As baleias são mamíferos.

C. Gosto muito de cachorro. Não tenho nenhum cachorro porque moro num apartamento pequeno.

D. Estudei bastante para a prova de ciências. Não fui bem na prova.

E. Joana me telefonou ontem. Joana não conseguiu falar comigo.

F. O filme era ótimo. Não vi o fime até o fim porque estava muito cansado e dormi.

2. Releia este trecho da crônica:

Eis que o dono do coelho foi passar o final de semana na praia com a família *e o coelho ficou sozinho*.

Note que, ao finalizar a leitura da crônica, nós, leitores, ficamos sabendo que, nesse trecho, o cronista não nos avisou que o coelho estava morto e enterrado, mas disse que ele tinha ficado sozinho.

Ao optar por essa "omissão", o cronista tem a oportunidade de contar a cena envolvendo os vizinhos e seus animais de estimação tal como ela teria sido vivida por eles, isto é, sem a informação que muda toda a história. Isso confere certo suspense ao texto e nos leva, como leitores, a acreditar na versão do "pastor-alemão assassino". Nas linhas a seguir, reconte esses mesmos acontecimentos, começando seu texto assim:

Eis que, na sexta-feira, quando a família se preparava para passar o final de semana na praia, o coelho amanheceu morto. Desolados, adultos e crianças o enterraram no jardim, antes de partir.

Conexão com Comportamento animal

Adestramento canino

Todo filhote de cão passa por uma fase em que só quer saber de brincadeiras e rói tudo o que encontra pela frente, inclusive os móveis da casa. Se o cãozinho de estimação apresenta problemas desse tipo, uma dica é levá-lo para uma escola de adestramento. Lá os cães treinam obediência e técnicas de guarda, além de praticar exercícios físicos.

A escola de adestramento também orienta o dono a não mimar excessivamente seu animal.

Há livros que ensinam os donos a entender um pouco melhor as diversas fases da vida e o comportamento desses amigos peludos.

JOHN POCHMARA/WWW.ZOIEDOG.COM

Vamos relacionar os textos

Complete as afirmações a seguir com as palavras disponíveis no quadro.

ATENÇÃO: nem todas as palavras do quadro serão empregadas.

A. Tanto *Os netos de Lennon* quanto *O coelho e o cachorro* são ________________, gênero ________________ que, geralmente, parte de uma ou várias situações do ________________ para comentar um tema de interesse mais abrangente.

B. Em *Os netos de Lennon*, esse ponto de partida é o ________________ de algumas crianças ________________. Em *O coelho e o cachorro*, é a ________________ entre um grupo de seres humanos e seus animais de estimação.

C. Tanto em *Os netos de Lennon* quanto em *O coelho e o cachorro* o cronista como que ________________ com seu leitor, partilhando com ele as ________________ que o(s) fato(s) relatado(s) despertou(aram) nele.

relação	estilo	filosófico	crônicas	linguagem	cotidiano	
expõe	situação	contos	generosas	comportamento	gênero	
conversa	participa	vida particular	ironia	mimadas		
novelas	ficções	traça	textual	redação	frias	reflexões

VOCÊ VAI ENCONTRAR, A SEGUIR, TEXTOS QUE ABORDAM O TEMA DE NOSSA RELAÇÃO COM OS ANIMAIS DE DIFERENTES PONTOS DE VISTA.

Ampliando horizontes

Como tratar os animais?

Segundo o veterinário canadense Charles Danten, bichos de companhia sofrem, e sofrem muito. Tudo começa na infância do animal. O filhote se liga a quem cuida dele, seja a mãe, seja o dono. Na natureza, a mãe corta essa ligação para que o filhote aprenda a cuidar de sua vida, mas, fora dela, o dono a incentiva, impedindo o mascote de alcançar a maturidade emocional. Como um filho mimado, o animal vive carente de atenção e adota comportamentos bizarros para conquistá-la, como se masturbar, derrubar coisas ou morder as visitas.

Quando isso acontece, a maioria dos donos abandona, passa a tratar mal ou dá ainda mais cuidados ao animal, o que só piora a situação. Alguns levam o bichinho a um psicólogo de animais, mas, quando descobrem que eles também precisam mudar seus hábitos, acabam aceitando a sugestão de dar remédios como Prozac ou Valium para o mascote ficar mais tranquilo. A atitude mais saudável seria deixar o animal à vontade para se expressar como queira, mesmo que isso signifique não dar a mínima para o dono.

VERGARA, Rodrigo. In: *Superinteressante*. São Paulo: Abril, set. 2003.

THEO/ARQUIVO DA EDITORA

O resgate dos filhotes de tamanduá-bandeira

Quatro filhotes de tamanduá-bandeira foram recebidos esta semana pela equipe do Centro de Reabilitação de Animais Silvestres (Cras), localizado em Campo Grande (MS) e vinculado à Secretaria de Estado de Meio Ambiente, das Cidades, do Planejamento, da Ciência e Tecnologia (Semac) e do Instituto de Meio Ambiente de Mato Grosso do Sul (Imasul).

Os animais foram recolhidos por populares e entregues à Polícia Militar Ambiental (PMA), que os encaminhou ao Cras.

Trata-se de duas fêmeas e dois machos, com idade entre um a três meses, vindos de áreas diferentes do Estado: Rio Brilhante, Coxim, Campo Grande e Água Clara.

Infelizmente, as mães foram atropeladas e mortas em rodovias. Os filhotes conseguiram sobreviver agarrados ao dorso das mães. Por serem muito novos, estarem fora de seu *habitat* e sem a segurança das mães, os animais estão em isolamento, porém passam bem.

A zootecnista Ana Paula Felício, uma das funcionárias do Cras que está zelando pelo bem-estar dos filhotes, diz que há momentos do dia em que os animais emitem ruídos como um choro e dormem entrelaçados uns aos outros, em ambiente apropriado, com calefação.

"Dois deles já estão se alimentando sozinhos, o que é muito positivo, os outros estão sendo alimentados com mamadeira", revela. Apesar de bem tratados e saudáveis, o destino dos animais não será o retorno à natureza. "Eles se apegam demais à gente e por isso devem ser encaminhados a zoológicos daqui a um ano, aproximadamente", explica Ana Paula.

Adaptado de: Filhotes de tamanduá-bandeira são recebidos pelo Cras. 15 ago. 2008. Disponível em: <www.msnoticias.com.br/?p=ler&id=284087>. (Acesso em 3 set. 2008.) (Título nosso.)

Troque ideias com seus colegas a respeito das questões propostas a seguir.

1. **Que "novidades" os textos trazem, a respeito de nossa relação com os animais?**

2. **Você tem um animal de estimação? Como é sua relação com ele?**

Vamos escrever

Agora você vai escrever uma nova crônica.

- O tema sobre o qual você vai "conversar" com seu leitor será a relação das pessoas com seus animais de estimação.
- Imagine que sua crônica será publicada num jornal de seu bairro, comunidade, condomínio, etc. Ou seja: seu leitor partilha com você os acontecimentos do dia a dia social imediato.
- Lembre-se de alguma ou algumas situações que presenciou ou viveu e que ilustram a opinião que você tem a respeito do assunto. Relate-a a seu leitor.
- Parta desse(s) relato(s) para refletir a respeito do assunto, expressando sua opinião.
- Dê um título para sua crônica.

Autoavaliação e reescrita

Junto com um colega, releiam as respectivas produções textuais: um vai ajudar o outro a aperfeiçoar as crônicas. O quadro abaixo pode servir de referência nessa avaliação.

sim	não	
☐	☐	A crônica relata uma ou mais cenas que mostram a relação entre seres humanos e animais de estimação?
☐	☐	Se há diálogos, eles estão bem transcritos, isto é, com a ajuda de verbos *dicendi* e/ou travessões?
☐	☐	O "cronista" parte das cenas contadas para expressar suas opiniões a respeito da relação entre seres humanos e animais de estimação?
☐	☐	O "cronista" "conversa" com o leitor da crônica?
☐	☐	O título da crônica está adequado ao tema e às cenas?

Retome seu texto e faça as alterações sugeridas pela leitura que você e seu colega fizeram dele. Em seguida, passe sua crônica a limpo e entregue-a ao professor.

Unidade 3

O FANTÁSTICO NA LITERATURA

- **FOCO:** o fantástico na literatura.
- **GÊNEROS:** conto de assombração e conto fantástico.
- **PRÁTICAS DE LINGUAGEM:** voz ativa e voz passiva; advérbios e futuro do pretérito como indicadores de eventualidade; parônimos.

VAMOS LER 1

Maria Angula é uma história do folclore equatoriano. Transmitida oralmente de geração em geração, foi recolhida por pesquisadores, registrada por escrito e pôde, assim, se tornar acessível a leitores de outras partes do mundo.

Maria *Angula*

NO TEXTO QUE VOCÊ VAI LER A SEGUIR, FATOS MISTERIOSOS E FANTÁSTICOS CONVIVEM COM ACONTECIMENTOS BANAIS E ACABAM PROVOCANDO PROFUNDAS TRANSFORMAÇÕES NA VIDA DAS PERSONAGENS.

Cayambe: cidade em zona rural do Equador.
colorau: tempero em pó, feito com pimentão vermelho ou urucum.

Maria Angula era uma menina alegre e viva, filha de um fazendeiro de Cayambe. Era louca por uma fofoca e vivia fazendo intrigas com os amigos para jogá-los uns contra os outros. Por isso tinha fama de leva e traz, linguaruda e era chamada de moleca fofoqueira.

Assim viveu Maria Angula até os dezesseis anos, dedicada a armar confusão entre os vizinhos, sem ter tempo para aprender a cuidar da casa e a preparar pratos saborosos.

Quando Maria se casou, começaram os seus problemas. No primeiro dia, o marido pediu-lhe que fizesse uma sopa de pão com miúdos, mas ela não tinha a menor ideia de como prepará-la.

Queimando as mãos com uma mecha embebida em gordura, acendeu o carvão e levou ao fogo um caldeirão com água, sal e colorau, mas não conseguiu sair disso: não fazia ideia de como continuar.

Maria lembrou-se então de que na casa vizinha morava dona Mercedes, cozinheira

ANDREA EBERT/ARQUIVO DA EDITORA

de mão-cheia, e, sem pensar duas vezes, correu até lá.

— Minha cara vizinha, por acaso a senhora sabe fazer sopa de pão com miúdos?

— Claro, dona Maria. É assim: primeiro coloca-se o pão de molho em uma xícara de leite, depois despeja-se este pão no caldo e, antes que ferva, acrescentam-se os miúdos.

— Só isso?

— Só, vizinha.

— Ah — disse Maria Angula —, mas isso eu já sabia! — E voou para a sua cozinha a fim de não esquecer a receita.

No dia seguinte, como o marido lhe pediu que fizesse um ensopado de batatas com toicinho, a história se repetiu:

— Dona Mercedes, a senhora sabe como se faz ensopado de batatas com toicinho?

E como da outra vez, tão logo a sua boa amiga lhe deu todas as explicações, Maria Angula exclamou:

— Ah! É só? Mas isso eu já sabia! — E correu imediatamente para casa a fim de prepará-lo.

Como isso acontecia todas as manhãs, dona Mercedes acabou se enfezando. Maria Angula vinha sempre com a mesma história: "Ah, é assim que se faz arroz com carneiro? Mas isso eu já sabia! Ah, é assim que se prepara a dobradinha? Mas isso eu já sabia!" Por isso a mulher decidiu dar-lhe uma lição e, no dia seguinte...

— Dona Mercedinha!

— O que deseja, dona Maria?

— Nada, querida, só que o meu marido quer comer no jantar um caldo de tripas e bucho e eu...

— Ah, mas isso é fácil demais! — disse dona Mercedes. E antes que Maria Angula a interrompesse, continuou:

— Veja: vá ao cemitério levando um facão bem afiado. Depois espere chegar o último defunto do dia e, sem que ninguém a veja, retire as tripas e o estômago dele. Ao chegar em casa, lave-os muito bem e cozinhe-os com água, sal e cebolas. Depois que ferver uns dez minutos, acrescente alguns grãos de amendoim e está pronto. É o prato mais saboroso que existe.

— Ah! — disse como sempre Maria Angula. — É só? Mas isso eu já sabia!

E num piscar de olhos, estava ela no cemitério, esperando pela chegada do defunto mais fresquinho. Quando já não havia mais ninguém por perto, dirigiu-se em silêncio à tumba escolhida. Tirou a terra que cobria o caixão, levantou a tampa e... Ali estava o pavoroso semblante do defunto!

Miúdos:
vísceras de animais (fígado, moela, rins, etc.).
Os miúdos são utilizados em cozidos, farofas e outros pratos da culinária de vários povos.

Miúdo:
menino, em Portugal.

ILUSTRAÇÕES: ANDREA EBERT/ARQUIVO DA EDITORA

Teve ímpetos de fugir, mas o próprio medo a deteve ali. Tremendo dos pés à cabeça, pegou o facão e cravou-o uma, duas, três vezes na barriga do finado e, com desespero, arrancou-lhe as tripas e o estômago. Então voltou correndo para casa. Logo que conseguiu recuperar a calma, preparou a janta macabra que, sem saber, o marido comeu lambendo os beiços.

Nessa mesma noite, enquanto Maria Angula e o marido dormiam, escutaram-se uns gemidos nas redondezas. Ela acordou sobressaltada. O vento zumbia misteriosamente nas janelas, sacudindo-as, e de fora vinham uns ruídos estranhos, de meter medo a qualquer um.

De súbito, Maria Angula começou a ouvir um rangido nas escadas. Eram os passos de alguém que subia em direção ao seu quarto, com um andar dificultoso e retumbante, e que se deteve diante da porta. Fez-se um minuto eterno de silêncio e logo depois Maria Angula viu o resplendor fosforescente de um fantasma. Um grito surdo e prolongado paralisou-a.

— Maria Angula, devolva as minhas tripas e o meu estômago, que você roubou de minha santa sepultura!

Maria Angula sentou-se na cama, horrorizada, e, com os olhos esbugalhados de tanto medo, viu a porta se abrir, empurrada lentamente por essa figura luminosa e descarnada.

A mulher perdeu a fala. Ali, diante dela, estava o defunto, que avançava mostrando-lhe o seu semblante rígido e o seu ventre esvaziado.

— Maria Angula, devolva as minhas tripas e o meu estômago, que você roubou da minha santa sepultura!

Aterrorizada, escondeu-se debaixo das cobertas para não vê-lo, mas imediatamente sentiu umas mãos frias e ossudas puxarem-na pelas pernas e arrastarem-na gritando:

— Maria Angula, devolva as minhas tripas e o meu estômago, que você roubou da minha santa sepultura!

Quando Manuel acordou, não encontrou mais a esposa e, muito embora tenha procurado por ela em toda parte, jamais soube de seu paradeiro.

TORRE, Jorge Renán de la (trad.). Maria Angula. In: *Contos de assombração*. São Paulo: Ática, 1987. p. 33-40.

ANDREA EBERT/ARQUIVO DA EDITORA

Vamos entender o texto

1. **Maria Angula é a personagem central da narrativa. Releia os dois primeiros parágrafos do texto e apresente as características dela durante a infância.**

ANDREA EBERT/ARQUIVO DA EDITORA

2. **Após seu casamento, Maria Angula enfrenta um problema. Que problema é esse? Como ela age para tentar resolvê-lo?**

3. **A forma como Maria Angula reage após a ajuda que recebe da vizinha revela características de sua personalidade. Qual das características abaixo não pode ser relacionada a Maria Angula?**

- [ ] pretensiosa
- [ ] arrogante
- [ ] grosseira
- [ ] petulante
- [ ] intransigente

4. **Explique o significado das palavras destacadas. Se for preciso, consulte o dicionário.**

A. "Teve **ímpetos** de fugir, mas o próprio medo a deteve ali."

- ímpeto: ______

B. "Logo que conseguiu recuperar a calma, preparou a janta **macabra** que, sem saber, o marido comeu lambendo os beiços."

- macabra: ______

C. "Ela acordou **sobressaltada**."

- sobressaltada: ______

D. "Eram os passos de alguém que subia em direção ao seu quarto, com um andar dificultoso e **retumbante** [...]."

- retumbante: ______

5. **Que atitude dona Mercedes toma diante do pouco-caso de Maria Angula? Por que ela resolveu agir assim?**

6. Conte, de forma resumida, o que ocorreu após o jantar macabro.

Como você já viu, *Maria Angula* faz parte do folclore equatoriano. Chamamos **folclore** ao conjunto de manifestações culturais próprias da tradição de um povo: seus costumes, suas crenças, seu saber, as histórias que vão passando de uma geração para outra, etc.

Entre as histórias que, em geral, fazem parte da tradição de um povo, encontram-se os **contos de assombração**. Trata-se de narrativas em que estão presentes elementos fantásticos, sobrenaturais, fabulosos. Dito de outra maneira, coisas que não acontecem em nossa realidade.

ANDREA EBERT/ARQUIVO DA EDITORA

7. Levando em conta as informações do quadro acima, escreva por que *Maria Angula* pode ser considerado um conto de assombração.

8. Nas histórias tradicionais também se manifestam, como pano de fundo, traços da vida cotidiana do povo que as concebeu. Tendo isso em mente:

A. transcreva do texto a passagem que revela explicitamente o que se esperava que uma moça fizesse antes de se casar, e que Maria não fez, pois estava ocupada em fofocar.

B. responda: com que idade Maria se casou?

C. responda: como era o fogão da comunidade de Maria Angula? Transcreva do texto a passagem que mostra isso.

D. destaque, na resposta do item *B*, a parte que revela que Maria não sabia muito bem como usar esse fogão.

E. responda: o que faz o marido de Maria ao longo da narrativa?

Práticas de linguagem

1. Releia:

[...] **coloca-se** o pão de molho em uma xícara de leite, depois **despeja-se** este pão no caldo e, antes que ferva, **acrescentam-se** os miúdos. (voz passiva)

Nesse trecho, as palavras destacadas estão na chamada voz passiva. Veja como ficariam na voz ativa:

O(A) cozinheiro(a) ***coloca*** *o pão de molho em uma xícara de leite, depois* ***despeja****-o no caldo e, antes que ferva,* ***acrescenta*** *os miúdos.*

Note que, nesse exemplo, os verbos destacados têm como sujeito o agente da ação que expressam – no caso, *o(a) cozinheiro(a)*.

Já na voz passiva, o sujeito gramatical dos verbos é o objeto direto das frases da voz ativa – no caso, *o pão*, *o* [o pão] e *os miúdos*, respectivamente. Daí o verbo *acrescentar* ter ficado no plural: *acrescentam-se os miúdos*.

Nos itens a seguir, passe as frases para a voz passiva.

A. Dona Mercedes preparou pratos deliciosos.

B. Maria Angula ouviu gemidos tenebrosos nas redondezas.

C. Meus vizinhos viram o suspeito atravessando a rua apressadamente.

D. No aniversário da cidade, a população comeu em poucos minutos o bolo de cem metros.

VOZ PASSIVA

A voz passiva subdivide-se em dois tipos: a **sintética** e a **analítica**. Veja:

VOZ PASSIVA SINTÉTICA

Coloca-se o pão de molho em uma xícara de leite, depois **despeja-se** esse pão no caldo e, antes que ferva, **acrescentam-se** os miúdos.

VOZ PASSIVA ANALÍTICA

O pão **é colocado** de molho em uma xícara de leite, depois **é despejado** no caldo e, antes que ferva, os miúdos **são acrescentados**.

Observe que também na voz passiva analítica o sujeito gramatical dos verbos é o objeto direto das frases na voz ativa – relembrando, *o pão* (duas vezes) e *os miúdos*, respectivamente.

2. **Agora vamos retomar as frases da atividade anterior e passá-las para a voz passiva analítica.**

A. Dona Mercedes preparou pratos deliciosos.

____

____

B. Maria Angula ouviu gemidos tenebrosos nas redondezas.

____

____

C. Meus vizinhos viram o suspeito atravessando a rua apressadamente.

____

____

D. No aniversário da cidade, a população comeu em poucos minutos o bolo de cem metros.

____

____

ANDREA EBERT/ARQUIVO DA EDITORA

Conexão com História

Peste negra

Durante a Idade Média, mais precisamente em meados do século XIV, uma epidemia de peste matou cerca de um terço da população da Europa.

Em consequência disso, a morte passou a ser um tema muito presente nas diversas formas de manifestação artística.

Uma delas era a chamada Dança Macabra. Consistia numa encenação teatral na qual a Morte – personagem principal, representada por um esqueleto – conduzia, desfilando e dançando, a fila das outras personagens. O grupo fazia sua apresentação em... cemitérios.

Essas outras personagens – todas devidamente fantasiadas – representavam pessoas de todas as idades e classes sociais: havia o Rei, a Bela Mulher, o Monge, o Adolescente...

ALBUM/AKG-IMAGES/LATINSTOCK

Dança macabra das mulheres: a recém-casada e a grávida. Xilogravura de 1491, colorizada posteriormente.

Vamos conversar

Em *Maria Angula*, o fantástico e o sobrenatural – a volta do morto para reclamar suas entranhas arrancadas – têm também um aspecto aterrorizante e de suspense. Junto com seus colegas de turma, faça oralmente as atividades propostas a seguir.

1. Destaquem do texto passagens que revelem o medo de Maria Angula.

2. Comentem a passagem: "[...] pegou o facão e cravou-o **uma**, **duas**, **três vezes** na barriga do finado [...]". O efeito criado por esse recurso de enumeração seria diferente se o autor escrevesse: *pegou o facão e cravou-o três vezes na barriga do finado*?

3. Discutam o efeito causado no leitor com a repetição da fala do fantasma no final do conto.

4. No parágrafo que inicia com "Nessa mesma noite..." e no seguinte, destaquem passagens que criam suspense.

5. Você já leu ou viu no cinema, na TV ou na internet histórias fantásticas em que há suspense? Elas lhe dão medo? Gosta delas? Por quê?

Vamos escrever

Vamos escrever uma nova versão para *Maria Angula*! Siga as orientações.

- Dê um nome mais "brasileiro" à personagem principal.
- Tente adaptar os costumes das personagens a uma realidade mais atual. Por exemplo, hoje em dia é raro que se espere que uma moça seja criada apenas para cuidar da casa e preparar pratos saborosos. Além disso, casar-se aos 16 anos, atualmente, é considerado prematuro...
- Quando for descrever os pratos que a personagem quer preparar, escolha os que são tradicionais da culinária de sua região, ou de outra de nosso país. Pergunte a alguém experiente no assunto, alguém de sua família, por exemplo. Peça-lhe que passe as "receitas" de maneira bem simplificada, como fez o narrador de *Maria Angula*, e enumere apenas três ou quatro passos.
- Para a "receita macabra", misture também elementos de um prato verdadeiro, para que pareça "verdadeiro" à personagem.
- Na hora de narrar a cena do cemitério e da volta para casa, procure criar suspense. Use para isso os recursos discutidos na seção **Vamos conversar**.
- Dê um título à sua narrativa fantástica.

Use as linhas abaixo para anotar os pontos principais do seu texto.

O TEXTO QUE VOCÊ VAI LER A SEGUIR CONTA UMA HISTÓRIA BASTANTE SINGULAR...

Planetas *habitados*

VAMOS LER 2

André Carneiro nasceu em Atibaia (SP), em 1922. Artista plástico, fotógrafo e cineasta, é também escritor premiado, autor de contos, novelas, romance e poesia.

— Olhe como são bonitas, milhares de estrelas...

— E quase todas devem ser rodeadas de planetas como o nosso, habitados, provavelmente...

— Custa-me acreditar...

— Os cientistas dizem que há milhões, talvez trilhões de planetas, só nas galáxias mais próximas. A vida existiria como aqui.

— Devo ter pouca imaginação. Acho difícil visualizar planetas habitados, com seres iguais a nós, vivendo como nós.

— Por que “iguais e vivendo como nós”? É pretensão injustificável deduzir que só animais semelhantes tenham desenvolvido inteligência. E os objetos de forma arredondada, vistos em nossa órbita? Muita gente os vê a olho nu.

— Não seriam pessoas sugestionáveis ou com defeitos na vista? Li num artigo: essas aparições são fenômenos naturais pouco estudados, ou máquinas voadoras feitas aqui mesmo, em experiências secretas.

— Talvez, em parte. Mas já há uma boa documentação e não vejo motivo de espanto em supor que outros planetas do nosso sistema sejam habitados.

— Mas os seres que comandam ou pilotam essas naves espaciais, por que não pousam e entram em contato?

— Não passa de orgulho gratuito pensar que habitantes de outros planetas estejam interessados em dialogar conosco. Esses engenhos talvez sejam minúsculos, comandados a distância. Estarão apenas nos estudando com seus aparelhos? E é bem possível que eles sejam tão diferentes de nós que não haja uma possibilidade de entendimento imediato.

ANDREA EBERT/ARQUIVO DA EDITORA

— Falariam línguas impossíveis de se aprender? Quem sabe emitam ruídos, ou comuniquem-se por gestos...

— Nossos cientistas acabariam descobrindo a chave. Ou eles, mais inteligentes, nos ajudariam a compreendê-la.

— Aquela estrela brilhante não é um planeta?

— É. Ali há condições para a vida. Talvez primitiva e diversa da nossa, pois sua temperatura é extraordinariamente alta.

— Escrevem muitas histórias sobre aquele planeta. Costumam inventar seus habitantes como sendo monstros destruidores, interessados em conquistar a galáxia...

— Histórias e hipóteses... Quem sabe eles têm mesmo duas antenas na cabeça, um olho atrás, outro na frente, quatro braços e seis patas.

— Seria engraçado se fosse assim.

— Por quê?

— Pior se tivessem dois braços, um par de olhos em cima do nariz...

— Seu conceito de beleza é muito exclusivista.

— Gente normal como nós poderia se entender com monstros pavorosos?

— Fique tranquilo. É provável que eles só existam nas histórias. E descobriram que lá na atmosfera é só oxigênio puro. De mais a mais, o terceiro planeta possui só um terço de matéria sólida. O resto é uma substância líquida onde a vida é improvável.

— Esta conversa me abala os nervos. Imaginar monstros pernaltas, com dois olhos na frente. Toque aqui a antena.

— Adeus. Não pense mais no assunto. E saia com cuidado para não incomodar as crianças. Seis patas fazem muito barulho...

CARNEIRO, André. Planetas habitados. In: CARNEIRO, André e outros. *Histórias de ficção científica*. São Paulo: Ática, 2005. (Col. Para Gostar de Ler).

Vamos **entender** o texto

1. **O texto *Planetas habitados* não tem narrador. É apresentado em forma de diálogo. As personagens vão revelando por esse diálogo quem são elas e o espaço onde a ação da narrativa acontece. Quem são as personagens que dialogam e qual é o espaço da narrativa?**

ANDREA EBERT/ARQUIVO DA EDITORA

2. **Qual é o assunto do diálogo entre as personagens?**

3. **A certa altura do diálogo o leitor é surpreendido por um elemento que quebra sua expectativa em relação a quem seriam as personagens. Em que momento isso acontece?**

ANDREA EBERT/ ARQUIVO DA EDITORA

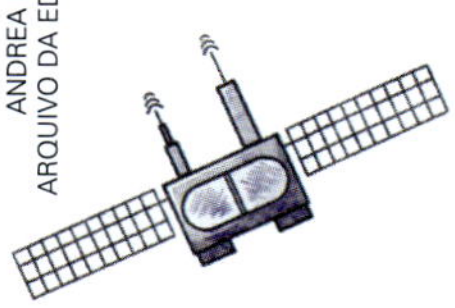

4. Leia o quadro a seguir, antes de responder à questão proposta.

> **FICÇÃO CIENTÍFICA** é um gênero textual que, embora fantasioso, pretende ter um caráter plausível, isto é, de algo que poderia ser verificado cientificamente, ainda que num outro lugar ou num outro tempo.

Podemos dizer que *Planetas habitados* pertence ao âmbito da ficção científica? Explique.

____

____

____

Práticas de linguagem

1. Num texto em que se trata de algo não comprovado pela ciência, usam-se palavras para marcar a eventualidade, a possibilidade de algo ser ou não verificável. Que palavras na frase seguinte criam a noção de incerteza, de probabilidade?

— E quase todas devem ser rodeadas de planetas como o nosso, habitados, provavelmente...

____

> **ADVÉRBIO** é a classe de palavras que afetam ou modificam o significado do elemento sobre o qual incidem, seja ele um verbo, um adjetivo, um advérbio ou toda uma frase.
>
> Observe como o advérbio *quase* delimita o sentido de *todas*; e *provavelmente* indica uma crença (não certeza) em relação a serem os planetas habitados.

2. Transforme as afirmações seguintes em frases que expressem eventualidade usando o verbo **dever** ou um advérbio que expresse possibilidade ou crença (*provavelmente/ certamente/ possivelmente*):

A. Aquela estrela brilhante é, na verdade, um planeta.

____

____

B. Amanhã vai chover à tarde.

____

____

C. Rosário e Virgínia vão chegar perto das 6 horas.

D. Pela sua cara, você está morrendo de medo...

3. Observe outra forma de expressar eventualidade:

— Não **seriam** pessoas sugestionáveis ou com defeitos na vista?

O **FUTURO DO PRETÉRITO** pode ser usado como um recurso para acentuar a noção de eventualidade. Esse tempo verbal é empregado com frequência em noticiários quando o jornalista não quer se comprometer com afirmações categóricas sobre terceiros. Em vez de dizer: *O policial atirou em legítima defesa*, diz: *O policial **teria** atirado em legítima defesa.*

Reescreva as frases seguintes empregando no futuro do pretérito os verbos destacados de modo a sugerir possibilidades:

A. Gente normal como nós **pode** se entender com monstros pavorosos?

B. O terceiro planeta **possui** um terço de matéria sólida.

C. Esses monstros **têm** dois olhos em cima do nariz!

4. Parônimos são vocábulos parecidos na pronúncia, mas diferentes quanto ao significado. Por exemplo: pousar (aterrissar, descer na superfície de um planeta, satélite, etc.) e posar (ficar imóvel para ser fotografado; servir de modelo).

Crie uma frase com os parônimos a seguir. Observe a grafia e o sentido de cada um deles:

A. cede (verbo *ceder*)

sede (desejo de ingerir líquido; secura)

sede (lugar)

B. concerto (espetáculo musical)

conserto (ato de consertar, arrumar)

C. censo (recenseamento)

senso (juízo)

D. sinto (verbo *sentir*)

cinto (peça de vestuário)

E. cesta (receptáculo para guardar alimentos ou objetos)

sexta (a sexta parte)

sesta (sono ou descanso após o almoço)

F. inflação (aumento)

infração (violação)

G. diferia (do verbo *diferir* = adiar ou distinguir, ser diferente)

deferia (do verbo *deferir* = conceder)

H. cosendo (do verbo *coser* = costurar)

cozendo (do verbo *cozer* = cozinhar)

I. infligiu (do verbo *infligir* = aplicar)

infringiu (do verbo *infringir* = desrespeitar)

J. sela (arreio de cavalgadura)

cela (aposento de condenado)

sela (do verbo *selar* = pôr sela ou selo em)

ANDREA EBERT/ARQUIVO DA EDITORA

Vamos relacionar os textos

Compare os dois contos que você leu nesta unidade, *Maria Angula* e *Planetas habitados*, completando o texto com as palavras dadas. Descubra semelhanças e diferenças entre os contos.

diálogo	repetições	assombração	terror
narrador	expectativa	macabra	ficção científica

Maria Angula é um conto de ______________________, em que há um ______________________, que conta a história e apresenta as personagens. Nele são usados recursos para criar a atmosfera de ______________________, como as ______________________ de falas que marcam a lenta chegada da figura ______________________ do fantasma.

Planetas habitados é um conto de ______________________, em que não há narrador. Há uma sequência de ______________________ entre as personagens, na qual a história vai se revelando para o leitor. Esse recurso leva à quebra de ______________________: as personagens não são aquelas que o conto fazia acreditar que fossem.

Vamos pesquisar

As histórias fantásticas são muito comuns. Elas aparecem nas lendas, nos mitos, nos textos de ficção científica, nas histórias contadas por nossos avós...

Com seu grupo, pesquise uma história fantástica e depois apresente-a para a classe. Você poderá usar o recurso que julgar mais adequado:

- Leitura dramatizada
- História em quadrinhos
- Encenação
- Música

Vamos conversar

Após as apresentações dos grupos, haverá uma avaliação dos trabalhos. Siga o roteiro proposto para fazer sua análise:

- A história escolhida é uma narrativa fantástica?
- A forma de apresentação do grupo foi bem escolhida?
- A maneira como o grupo se apresentou foi bem-sucedida?

1. Cada grupo analisa a sua própria apresentação, destacando o que consideraram bom ou ruim e verificando se os objetivos foram atingidos.

2. Cada grupo analisa as demais apresentações.

3. O professor analisa todas as apresentações.

ANDREA EBERT/ARQUIVO DA EDITORA

Ampliando horizontes

O TEXTO QUE VOCÊ VAI LER A SEGUIR MOSTRA O PAPEL QUE UM RECURSO TECNOLÓGICO DISPONÍVEL ATUALMENTE PODE TER NA VIDA DE PESSOAS DESAPARECIDAS.

Esperança que se renova na frente do computador

Um programa de informática inédito no país vai possibilitar aos parentes de desaparecidos simular a fisionomia de como a pessoa estaria até os 60 anos. Em apenas 10 minutos, o *software* calcula, a partir de uma foto, as projeções de envelhecimento do rosto. O índice de aproximação com a realidade chega a 90%.

A tecnologia, que é carioca, exigiu seis anos de estudos e foi adaptada de um sistema canadense para o perfil dos traços dos brasileiros.

Para desenvolver o programa, o cientista de computação Américo Lobo Neto precisou aliar a informática às questões de anatomia para entender as diferenças nas mudanças nas faces de adultos e crianças. O entendimento sobre o crescimento ósseo, as modificações na textura da pele e a arcada dentária garantiram simulações diferentes para várias etapas da vida.

"Busquei orientações com dentistas e médicos, mas eu mesmo passei horas estudando o corpo humano para que o programa saísse o mais condizente com a realidade. É certo que temos que considerar fatores externos, como obesidade e alguma doença que a criança possa ter tido, mas no geral o que se vê é algo extremamente otimista", comentou ele.

O grau de detalhes pode ser ainda maior. Uma das garantias para o sucesso da projeção é dispor de fotos de parentes próximos ou informações sobre detalhes de cicatrizes, sinais e manchas. "Uma parte é técnica, outra é visual. O operador tem que ter sensibilidade e a família tem papel importante nisso. Se esse apoio for dado, a atualização dificilmente foge da realidade", disse Neto.

A exceção do envelhecimento por computador fica para os recém-nascidos, porque eles ainda não têm formação óssea consolidada. "Não dá para imaginar como será a estrutura da criança e oferecer resultado satisfatório em cima disso. Somente a partir dos três anos, podemos estimar projeções coerentes", explicou Neto.

Uma das propostas que o governo analisa é usar o *software* em um dos projetos do Departamento Geral de Ações Socioeducativas (Degase). Assim, os menores internados em casas de ressocialização seriam fotografados para que a imagem passasse por um processo de envelhecimento.

O material seria encaminhado a um banco de dados, que faria a conferência com as feições armazenadas de crianças desaparecidas. "Muitos adolescentes que chegam a essas unidades, na verdade, são procurados pelas famílias. A possibilidade de comparar as feições pode solucionar muitos casos", explicou a assessora do Programa de Progressão de Imagem, Kika Alves.

Adaptado de: <http://tecnologia.terra.com.br/noticias/0,,OI1304770-EI15607,00-Programa+envelhece+rosto+de+crianças+sumidas.html>. (Acesso em 26 ago. 2008).

Em grupos, criem a história fictícia de uma menina, desaparecida aos 8 anos de idade e reencontrada 6 anos depois, em outra cidade. O reencontro foi possível graças ao processo de "envelhecimento artificial", feito com base nas fotos que a família entregou à polícia.

Em sua história, contem:

- como e por que ocorreu esse desaparecimento;
- após seis anos, como a menina estava vivendo;
- quem a reencontrou;
- como foi o trabalho da polícia no caso.

Usem as linhas abaixo para anotar os pontos principais da história que vocês criaram. Elas serão úteis quando seu grupo for narrá-la aos outros grupos da classe.

Ouçam com atenção e respeito as narrativas criadas pelos colegas.

Vamos escrever

Agora você vai criar um texto de ficção científica empregando os recursos que estudamos até agora para criar determinados efeitos no leitor.

- Antes de mais nada, defina para que público você vai escrever.
- Empregue o vocabulário adequado a esse público.
- Você pode estruturar seu texto em diálogo entre personagens ou usar um narrador.
- Crie uma expectativa em seu leitor que seja quebrada ao final.
- Você também pode criar uma atmosfera de suspense usando repetições até chegar a um clímax.
- Dê um título a seu texto.

Autoavaliação e reescrita

Releia seu texto orientando-se pelo quadro a seguir.

sim	não	
☐	☐	Seu texto pode ser classificado como um conto de ficção científica?
☐	☐	Tem uma quebra de expectativa no final ou um clímax que mantém o leitor em suspense?
☐	☐	A linguagem está adequada ao público a que se destina?
☐	☐	O título está convidativo para o leitor que você imaginou?

Reescreva seu texto numa folha à parte com base nessa autoavaliação. Seu professor recolherá todas as produções dos alunos e, por sorteio, as redistribuirá na classe. Quando receber a de seu colega, comente-a, sempre levando em conta o quadro acima. Depois, devolva o texto que recebeu ao professor e recupere o seu, que foi comentado pelo colega. O que será que ele propôs para tornar seu texto ainda mais interessante?

ANDREA EBERT/ARQUIVO DA EDITORA

Unidade

4 O PONTO DE VISTA DO NARRADOR

- **FOCO:** memória, ficção e realidade.
- **GÊNEROS:** conto de amor e relato de memória.
- **PRÁTICAS DE LINGUAGEM:** locuções adverbiais e advérbios de modo; acentuação gráfica; formas reduzidas na indicação de tempo.

VAMOS LER 1

Lygia Fagundes Telles nasceu na cidade de São Paulo em 1923. Começou a escrever histórias ainda criança e contava-as para a família e amigos. Chegou a cursar Educação Física, mas logo ingressou em Direito. Passou então a conviver com escritores que se reuniam próximo à faculdade. Escreveu contos e romances, como *As meninas* e *Ciranda de pedra*, que foram adaptadas para o cinema e a televisão. Recebeu vários prêmios nacionais e internacionais de literatura, e seus livros foram traduzidos para diversos idiomas.

EVANDRO LUIZ/ARQUIVO DA EDITORA

A disciplina *do amor*

O CONTO QUE VAMOS LER É UMA HISTÓRIA DE AMOR, COMO TANTAS OUTRAS. MAS É UMA HISTÓRIA DE UM AMOR ESPECIAL, COMO POUCAS.

Foi na França, durante a segunda grande guerra; um jovem tinha um cachorro que todos os dias, pontualmente, ia esperá-lo voltar do trabalho. Postava-se na esquina, um pouco antes das seis da tarde. Assim que via o dono, ia correndo ao seu encontro e, na maior alegria, acompanhava-o com seu passinho saltitante de volta à casa. A vila inteira já conhecia o cachorro e as pessoas que passavam faziam-lhe festinhas e ele correspondia, chegava a correr todo animado atrás dos mais íntimos. Para logo voltar atento ao seu posto e ali ficar sentado até o momento em que seu dono apontava lá longe. Mas eu avisei que o tempo era de guerra, o jovem foi convocado. Pensa que o cachorro deixou de esperá-lo? Continuou a ir diariamente até a esquina, fixo o olhar ansioso naquele único ponto, a orelha em pé, atenta ao menor ruído que pudesse indicar a presença do dono bem-amado. Assim que anoitecia, ele voltava para casa e levava a sua vida normal de cachorro até chegar o dia seguinte. Então, disciplinadamente, como se tivesse um relógio preso à pata, voltava ao seu posto de espera. O jovem morreu num bombardeio mas no pequeno

Bomba:
artefato explosivo usado em guerras.

Bomba:
acontecimento escandaloso ou surpreendente, que causa muito falatório.

ILUSTRAÇÕES: EVANDRO LUIZ/ARQUIVO DA EDITORA

coração do cachorro não morreu a esperança. Quiseram prendê-lo, distraí-lo. Tudo em vão. Quando ia chegando aquela hora ele disparava para o compromisso assumido, todos os dias. Todos os dias. Com o passar dos anos (a memória dos homens!) as pessoas foram se esquecendo do jovem soldado que não voltou. Casou-se a noiva com um primo. Os familiares voltaram-se para outros familiares. Os amigos, para outros amigos. Só o cachorro já velhíssimo (era jovem quando o jovem partiu) continuou a esperá-lo na sua esquina. As pessoas estranhavam, mas quem esse cachorro está esperando?... Uma tarde (era inverno) ele lá ficou, o focinho voltado para "aquela" direção.

TELLES, Lygia Fagundes. *A disciplina do amor*. Rio de Janeiro: Rocco, 1998.

Vamos **entender** o texto

Leia o quadro antes de fazer as atividades propostas.

ENREDO: também chamado de trama e de intriga – é a sequência, o desenrolar dos acontecimentos de uma história, seja ela fictícia ou verídica.

Em geral obedece ao princípio de causalidade: a partir de uma situação inicial, um fato desencadeia outro até o desenlace.

NA SITUAÇÃO INICIAL, de modo geral, situa-se o leitor no tempo e no espaço em que se dará a história e apresenta(m)-se a(s) personagem(ns) e as relações entre elas.

NA COMPLICAÇÃO OU CLÍMAX, algo vem desequilibrar essa situação inicial, criando tensão na narrativa.

NO DESFECHO, apresenta-se a solução dos conflitos que desequilibraram a situação inicial e geraram uma nova situação, um novo estado de coisas, ou a volta ao equilíbrio inicial. Esse desfecho pode ser feliz, engraçado, trágico, etc.

1. No texto *A disciplina do amor*:

A. que trecho corresponde à situação inicial?

B. qual é a complicação, isto é, que fato quebra o equilíbrio dessa situação inicial?

C. qual é o desfecho e qual é a nova situação que se estabelece no final?

2. No texto lido:

A. ☐ o narrador não aparece na história.

B. ☐ o narrador aparece na história apenas para fazer comentários e não como personagem que toma parte nos fatos.

C. ☐ o narrador é a personagem principal da história.

3. Leia para responder às questões:

O PONTO DE VISTA DO NARRADOR

Chama-se **ponto de vista** ou **foco narrativo** a forma como o narrador assume seu papel no texto.

O **ponto de vista** do narrador pode ser basicamente:

- **interno**: se o narrador participa dos fatos narrados como personagem – a narrativa, neste caso, é em primeira pessoa;
- **externo**: se o narrador não toma parte nos acontecimentos – a narrativa, então, é em terceira pessoa.

Temos, assim, de acordo com o foco narrativo:

- o **narrador-personagem**: aquele que se apresenta como um *eu*; os fatos são narrados do ponto de vista desse *eu*.
- o **narrador observador**: aquele que narra em terceira pessoa, como se estivesse neutro; os acontecimentos são narrados de fora e não a partir do íntimo de uma personagem.
- o **narrador onisciente**: também em terceira pessoa, é o narrador que fica totalmente ausente; sabe o que vai acontecer e o que pensam e sentem as personagens.
- o **narrador intruso**: é aquele que aparece em primeira pessoa, mas apenas para fazer comentários e não como personagem que toma parte nos fatos.

A. Como se classifica o narrador de *A disciplina do amor*? Justifique.

____

____

B. Com quem o narrador dialoga no texto lido?

____

C. Transcreva do texto um trecho em que o narrador se refere diretamente a seu interlocutor usando um verbo em segunda pessoa.

____

____

D. Em alguns trechos do texto lido, identificamos a presença do narrador em informações dadas entre parênteses. Enumere as ocorrências abaixo de acordo com a função dos parêntese em cada uma:

1 Dar informação adicional ao leitor.

2 Acrescentar um comentário crítico.

☐ "Com o passar dos anos (a memória dos homens!) as pessoas foram se esquecendo do jovem soldado que não voltou."

☐ "Só o cachorro já velhíssimo (era jovem quando o jovem partiu) continuou a esperá-lo na sua esquina."

☐ "Uma tarde (era inverno) ele lá ficou, o focinho voltado para 'aquela' direção."

Conexão com História

Segunda Guerra Mundial

A Segunda Guerra Mundial desenrolou-se entre 1939 e 1945. Direta ou indiretamente, envolveu todos os países do planeta, e deixou um aterrorizante saldo de mais de 50 milhões de mortos e 30 milhões de mutilados.

Em *A disciplina do amor*, faz-se referência a esse conflito na França, país que foi invadido pela Alemanha em 1940 e dela se libertou em 1944. O número de franceses mortos na Segunda Guerra é estimado em mais de 500 mil pessoas.

HULTON-DEUTSCH COLLECTION/CORBIS/LATINSTOCK

Soldados alemães cavalgam por Paris, em 1940, após a ocupação da cidade.

EVANDRO LUIZ/ARQUIVO DA EDITORA

4. Como se pode ver pelas informações do boxe **Conexão com História**, na página anterior, a Segunda Guerra Mundial foi um conflito devastador, o maior da história até o momento. Em *A disciplina do amor*, toda essa tragédia é "ilustrada" pelo relato de um episódio aparentemente banal: o "abandono" de um cão. Entretanto, esse "abandono" foi motivado pela morte do jovem dono, que saiu para lutar e não voltou mais. Levando essas considerações em conta, assinale o(s) item(ns) que julgar mais pertinente(s) em relação à história contada.

A. ☐ Por meio da história vivida pelo cão numa vila francesa, temos uma percepção mais íntima e próxima do que foi o dia a dia na Segunda Guerra.

B. ☐ Ao ler essa história vivida pelo cão, temos a impressão de que nada de realmente grave ocorreu nessa vila francesa durante a Segunda Guerra.

C. ☐ Ao ler essa história, ficamos sabendo que a Segunda Guerra atingiu profundamente a todos, de uma forma ou de outra.

5. Na sua opinião, o título – *A disciplina do amor* – é adequado ao texto? Explique.

6. Releia:

[...] Uma tarde (era inverno) ele lá ficou, o focinho voltado para "aquela" direção.

A. O verbo *ficar* está substituindo outro, de sentido mais específico. Qual?

B. Que efeito essa substituição provoca no texto?

EVANDRO LUIZ/ARQUIVO DA EDITORA

C. Por que a palavra *aquela* está empregada entre aspas?

Conexão com Comportamento animal

Cães valentes

A disciplina do amor se passa na época de uma guerra mundial, para a qual o cão perdeu seu dono. Mas há cães que também vão para a guerra.

Desde a Antiguidade os cães acompanham o homem nos campos de batalha. No Império Romano, especialmente o mastim napolitano era treinado para aterrorizar a infantaria e ferir os cavalos do exército adversário.

Nas duas grandes guerras mundiais, o pastor-alemão foi igualmente treinado e utilizado por exércitos de vários países, principalmente a Alemanha, servindo como mensageiro em terrenos acidentados e com explosivos.

O pastor-alemão e outros cães pastores também atuam no resgate de vítimas de acidentes naturais ou desmoronamentos. Esses cães valentes trabalham por muitas horas seguidas, às vezes se ferem e chegam à exaustão, mas não sossegam até que o objeto do seu faro apurado seja investigado pela equipe.

LUC MOLEUX/REUTERS/LATINSTOCK

Membro de equipe de resgate e cão farejador buscam vítimas da explosão que destruiu um prédio, em 2010, no norte da França.

Práticas de **linguagem**

Substitua a locução adverbial em destaque por um advérbio de modo terminado em -*mente*:

A. O cão esperou seu dono **com fidelidade**.

____

B. A guerra atingiu a todos **com dureza**.

____

C. A professora nos recebeu **com educação**.

____

D. Ela respondeu **com frieza**.

____

Ortografia
Acentuação

Palavras proparoxítonas

1. Divida as palavras em sílabas e destaque a sílaba tônica:

A. único ______________

B. íntimo ______________

C. abóbora ______________

D. décimo ______________

E. ridículo ______________

F. época ______________

G. facínora ______________

H. crítico ______________

2. A sílaba tônica dessas palavras acentuada graficamente é a última, a penúltima ou a antepenúltima?

____

São **proparoxítonas** as palavras cuja sílaba tônica é a antepenúltima sílaba. **Toda palavra proparoxítona é acentuada graficamente.**

3. Reescreva as palavras acentuando-as devidamente:

A. rapida ______________

B. tecnica ______________

C. didatico ______________

D. plastico ______________

E. velhissimo ______________

F. cubico ______________

G. acrilico ______

H. vertebra ______

I. solidario ______

J. maximo ______

K. lepido ______

L. formula ______

M. gramatica ______

N. jurassico ______

O. celula ______

P. ultimo ______

Q. proparoxitona ______

R. oculos ______

S. arvore ______

T. arido ______

U. gravida ______

V. monotono ______

Palavras paroxítonas

4. Divida as palavras em sílabas, sublinhando a sílaba tônica:

A. disciplina ______

B. repórter ______

C. afável ______

D. clímax ______

E. glúten ______

F. tórax ______

G. próton ______

H. açúcar ______

I. cachorro ______

J. sabido ______

K. dólar ______

L. hífen ______

Todas essas palavras são **paroxítonas**, ou seja, **a sílaba tônica é a penúltima sílaba.**

5. Das palavras da atividade anterior, algumas recebem acento gráfico. Com que letra termina cada palavra acentuada graficamente?

______

6. O que você pode concluir da observação feita na questão anterior?

______

______

______

7. Divida em sílabas as palavras abaixo, observando a terminação de cada uma:

A. biquíni ____________________

B. Vênus ____________________

C. fórum ____________________

D. táxi ____________________

E. Adônis ____________________

F. vírus ____________________

8. Com que letras essas palavras terminam e o que você pode concluir?

____

____

____

9. Copie as palavras seguintes, dividindo-as em sílabas:

A. ímã ____________________

B. órfãs ____________________

C. bênção ____________________

D. órgãos ____________________

10. Com que letras essas palavras terminam?

____

11. O que você pode deduzir dos casos exemplificados na questão 9?

____

____

EVANDRO LUIZ/ARQUIVO DA EDITORA

Vamos escrever

Você vai agora escrever um conto semelhante ao que você leu na seção **Vamos ler 1**.

- O título será o mesmo: *A disciplina do amor*.
- Seu texto será baseado numa história real.
- Antes de começar a redigir seu texto, escolha uma das opções a seguir.

1 Em uma movimentada rodovia, cão resgata outro cão, seu companheiro, que havia sido atropelado e estava ferido. (Santiago do Chile, 2008)

2 Cão salva criança de 2 anos que estava prestes a levar o bote de uma jararaca de dois metros. (Rio de Janeiro, 2006)

- Imagine: qual seria a relação entre o "cão herói" e seu amigo (o outro cão ou a criancinha de 2 anos)? Como aconteceu o acidente? O que aconteceu com os envolvidos depois do salvamento? Anote o que vocês imaginaram nas linhas abaixo.

EVANDRO LUIZ/ARQUIVO DA EDITORA

- Comece localizando sua história no tempo e no espaço.
- Em seguida, relate os acontecimentos em terceira pessoa.
- Depois, "insira-se" no texto, em primeira pessoa, dialogando com seu leitor e tecendo comentários sobre o ato de "amor disciplinado" do cão. Para isso, você poderá servir-se do recurso de acrescentar informações e impressões pessoais entre parênteses.
- Nos parágrafos finais, reflita sobre a "disciplina do amor" ilustrada pela história.

EVANDRO LUIZ/ARQUIVO DA EDITORA

VAMOS LER 2

O escritor **Fernando Sabino** nasceu em Minas Gerais, em 1923. Quando criança, gostava tanto de ler que às vezes batia a cabeça num poste, pois lia até enquanto estava andando na rua, no caminho entre a casa e o colégio.

Publicou seu primeiro livro quando tinha 18 anos de idade. Depois, foi funcionário público e estudou Direito, mas não exerceu a profissão de advogado. Sua carreira mesmo seria a de escritor, e escritor de muito sucesso. Escreveu muitas crônicas, contos e romances. Morreu em 2004, no Rio de Janeiro.

O mistério *da casa abandonada*

NO TEXTO QUE VOCÊ VAI LER A SEGUIR, DOIS AMIGOS RESOLVEM VIVER UMA AVENTURA DE TIRAR O FÔLEGO. ACOMPANHADOS PELO CÃO HINDEMBURGO E PELO COELHO PASTOFF, OS AGENTES MIRINS ODNANREF E ANAIRAM PASSAM POR MOMENTOS DE SUSPENSE E EMOÇÃO.

Não foi fácil sair de casa de noite. Tive de esperar todo mundo dormir, inclusive o Toninho, que nunca teve tão pouco sono: ficou lendo na cama até tarde. Foi a minha vez de reclamar:

— Vou apagar essa luz, que estou com sono, quero dormir.

Quando me certifiquei de que não havia mais ninguém acordado, tirei o pijama, me vesti no escuro e saí pé ante pé. Convoquei Hindemburgo com o assobio. Ele compareceu logo, todo animado. Pastoff também se juntou a nós em dois pulos e saímos os três, para encontrarmos a agente Anairam já à nossa espera no portão de sua casa. Vestia capa de chuva sobre a camisolinha, o que lhe dava um ar de espiã de cinema. E juntos fomos pela rua em direção à avenida João Pinheiro.

Quando chegamos em frente à casa abandonada, ouvimos o sino da igreja de Lourdes dar pausadamente doze badaladas, que ficaram vibrando no ar, aterradoras: meia-noite! Hora em que os fantasmas apareciam, saindo de seus túmulos, e o capeta andava solto na escuridão da noite. Fazia frio e via que a agente Anairam tremia tanto quanto eu, mas ainda assim levamos em frente a nossa aventura.

rinchar: ranger, emitir ruído.

Não foi difícil transpor o portão: um ligeiro empurrão e ele se abriu, devagar, rinchando nas dobradiças. Fomos avançando por entre o mato do jardim. Alguma coisa deslizou junto a meus pés — um rato, certamente, ou mesmo um lagarto. Engoli em seco e prossegui a caminhada ao lado da minha companheira, seguido dos outros dois agentes.

Ao chegar à varanda, ordenei que ficassem e esperassem. Alguém tinha de ficar de sentinela do lado de fora.

Subimos os degraus de pedra em plena escuridão e tateamos pela parede à procura da porta. Tínhamos trazido conosco uma caixa de fósforos e uma vela, mas não era prudente acendê-la ali: poderíamos chamar a atenção de alguém da rua, algum guarda-noturno rondando por lá.

Encontramos a porta e forçamos o trinco. Estava trancada por dentro. Forçamos a janela que dava para a varanda. Era só quebrar o vidro, meter a mão e puxar o trinco.

Aberta a janela, fui o primeiro a pular. Depois ajudei Anairam a pular também. Só então, já dentro da casa, nos arriscamos a acender a vela.

Era uma sala grande, onde não tinha mais nada a não ser poeira no chão e manchas de mofo pelas paredes forradas de papel estampado.

A chama da vela, trêmula, projetava sombras que se mexiam, pelos cantos, ameaçadoras, enquanto avançávamos.

Em pouco vimos que ali embaixo só havia uma cozinha, onde várias baratas fugiam correndo pelo chão de ladrilhos encardidos, um quartinho e outra sala com janelões dando para a rua. Mais nada.

Restava subir a escada e investigar o que havia nos quartos lá em cima.

Subimos devagarinho, eu na frente, conduzindo a vela, a agente Anairam se agarrando na minha blusa. Procurávamos não fazer barulho, mas os degraus de madeira da escada, já meio podres, rinchavam, dando estalinhos debaixo de nossos pés.

No segundo andar, empurramos a porta do primeiro quarto no corredor e entramos. Era um quarto grande, mas a vela não dava para ver nada, a não ser nossa própria sombra projetada na parede.

Foi quando, de súbito, a luz se acendeu e tudo se iluminou.

No primeiro instante ficamos deslumbrados com aquela claridade e nos voltamos

NASA/JPL-CALTECH

Em latim, *phosphorus* é o nome da estrela-d'alva, ou seja, o planeta Vênus.

ANDREY ARMYAGOV/SHUTTERSTOCK/GLOW IMAGES

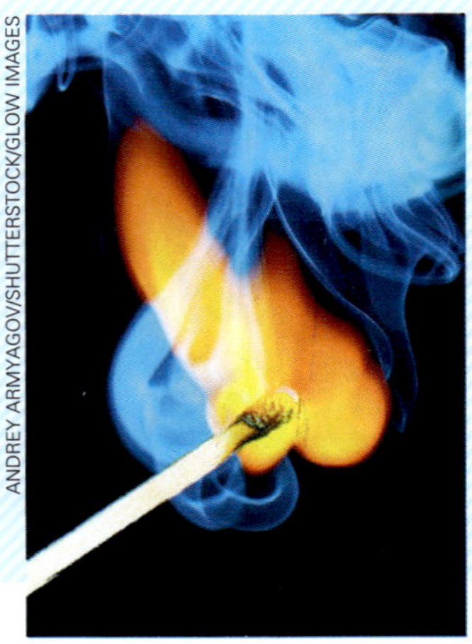

Em português, originou a palavra *fósforo*, que designa o palito que se acende quando riscado na lixa da embalagem.

EVANDRO LUIZ/ARQUIVO DA EDITORA

para ver quem tinha acendido a luz. Soltamos juntos um grito de pavor — parado junto à porta estava um velho horrendo, alto, barba suja, cabelos desgrenhados, a nos olhar, mãos na cintura:

— Que é que vocês dois estão fazendo aqui? Quem são vocês?

A voz dele era rouca e nos meteu mais medo ainda. Ele avançou em nossa direção e fomos recuando de costas, até a parede.

— Vocês merecem é uma boa surra — e o velho apanhou um pedaço de ripa no chão.

Quando já estava com o braço erguido para nos bater, vimos por detrás dele surgirem na porta os agentes Pastoff e Hindemburgo que, alertados pelo nosso grito, tinham vindo a toda pressa nos defender. O primeiro em três pulos se colocou na frente do velho, onde ficou saracoteando para distrair sua atenção, enquanto o segundo de um salto se atirava em suas costas e o derrubava.

Anairam e eu aproveitamos a confusão para fugir do quarto e despencar escada abaixo, largando pelo caminho a vela ainda acesa. Fomos ultrapassados pelo velho, que ao ver aquele cachorrão em cima dele sentiu mais medo do que nós.

Nem sei como conseguimos saltar tão depressa a janela por onde havíamos entrado e ganhar a rua num atropelo, aos gritos de acordar o quarteirão inteiro. Quando vimos, os outros dois agentes estavam a nosso lado, fugindo conosco. Fomos cada um para o seu lado — Anairam para a sua casa, eu para a minha, Pastoff para a sua toca no quintal, Hindemburgo para o porão onde dormia.

SABINO, Fernando. *O menino no espelho*. 38. ed. Rio de Janeiro: Record, 2006. p. 80-4.

Vamos **entender** o texto

1. O texto de Fernando Sabino apresenta um grupo de quatro "agentes secretos" em ação.

A. Qual o grande desejo dos garotos?

____

____

B. Antes de sair de sua casa, Odnanref encontra um obstáculo. Que obstáculo era esse e por que ele atrapalhava os planos do garoto?

____

____

2. Antes de os garotos entrarem na casa, ocorre um fato que aumenta o clima de suspense da narrativa.

A. Que fato é esse?

B. Por que esse fato aumenta o clima de suspense da narrativa?

3. A partir do momento em que os garotos entram na casa, que elementos servem para aumentar ainda mais o suspense e o mistério?

EVANDRO LUIZ/ARQUIVO DA EDITORA

4. Quando a luz do quarto se acendeu, os garotos viram um velho e se assustaram:

A. Por que a aparência do homem assustou os garotos?

B. Que atitude do homem aumentou o pavor das crianças?

C. Como os garotos foram salvos?

5. No final da narrativa, pode-se dizer que os garotos realizaram o desejo inicial? Explique sua resposta.

EVANDRO LUIZ/ARQUIVO DA EDITORA

6. **Escolha o adjetivo que melhor caracteriza as personagens do texto e, a seguir, justifique sua escolha:**

☐ medrosas ☐ baderneiras

☐ destemidas ☐ assustadas

7. **Leia o texto a seguir, que é a sinopse (o resumo) que uma grande livraria fez para seus leitores a respeito do livro *O menino no espelho*, de onde foi extraído o conto lido.**

Nesta obra, o menino Fernando, que vem a ser o próprio autor, vive todas as fantasias de sua infância, através de aventuras mirabolantes. Ensina uma galinha a conversar, aprende a voar com os pássaros, fica invisível, encontra-se com Tarzan e Mandrake, visita o sítio do Picapau Amarelo, torna-se agente secreto e campeão de futebol, vive aventuras na selva, enfrenta o valentão da sua escola. E, no menino que vê refletido no espelho, descobre o melhor de si mesmo, a projeção do ideal de pureza que só uma criança pode alcançar – simbolizada na libertação dos passarinhos.

Disponível em: <www.livrariacultura.com.br/scripts/cultura/resenha/resenha.asp?nitem=53513&sid=20173245210121509741737146&k5=3976E11F&uid=>. (Acesso em 20 dez. 2010).

A. Segundo essa sinopse, "o menino Fernando, *que vem a ser o próprio autor*, vive todas as fantasias de sua infância [...]". Releia o nome das personagens das duas crianças, os "agentes" Odnanref e Anairam, na frente de um espelho. O que você percebe?

B. "E, no menino que vê refletido no espelho, descobre o melhor de si mesmo [...]." Quem é, portanto, Odnanref?

Práticas de linguagem

1. Para evitar a repetição da conjunção *quando* numa narrativa, podemos usar uma construção alternativa que tem o mesmo significado. Observe:

Quando chegamos em frente à casa abandonada, ouvimos o sino da igreja [...].

***Ao chegarmos** em frente à casa abandonada, ouvimos o sino da igreja [...].*

Faça a mesma transformação nestas frases:

A. Quando me certifiquei de que não havia mais ninguém acordado, saí sem fazer barulho.

B. Quando foi atacado pelo cão, o homem ficou com muito medo.

C. Quando a aventura terminou, foram todos para suas casas.

D. Quando chegamos à varanda, ordenei que os outros ficassem e esperassem.

E. Quando empurramos o portão, ele se abriu devagar.

2. Releia:

Nem sei como conseguimos saltar tão depressa a janela **por onde** havíamos entrado [...].

Na construção acima, juntamos duas orações num mesmo período, por meio da locução *por onde*, evitando, assim, a repetição da palavra *janela*. Veja:

*Havíamos entrado **pela janela**. Nem sei como conseguimos saltar tão depressa **a janela**.*

Faça a mesma transformação nas frases propostas.

A. Corremos até o beco. Havíamos chegado pelo beco.

B. O cão voltou ao porão. O cão dormia sempre no porão.

C. Corremos grudados à parede. Nossas sombras se projetavam na parede.

D. Alcançamos a rua. O guarda-noturno rondava pela rua.

Ao chegar à praia...

EVANDRO LUIZ/ARQUIVO DA EDITORA

E. Andamos devagar no jardim. O mato estava alto no jardim.

F. Era uma sala grande. Só havia poeira e manchas de mofo na sala.

3. Compare as frases:

"Ao chegar à varanda, ordenei que ficassem e esperassem."

preposição **a** + artigo **a**

Ao chegar ao portão, empurrei-o e ele se abriu.

preposição **a** + artigo **o**

Na primeira frase, ocorreu crase. Houve a fusão de duas vogais iguais: a preposição *a* (*chegar a*) com o artigo *a* (*a varanda*).

> **Crase é a fusão de duas vogais iguais. É representada graficamente pelo acento grave (`).**

Na segunda frase, ocorreu a combinação da preposição *a* com o artigo *o*: ao.

Veja este outro exemplo:

"E juntos fomos pela rua em direção à avenida João Pinheiro."

preposição **a** + artigo **a**

Observe que o verbo *ir* exige a preposição *a* (*fomos a*), e a palavra *avenida* admite o artigo *a* (*a avenida*). Portanto ocorre a fusão da preposição com o artigo. Ocorre crase.

Não ocorrerá crase se a palavra não admitir o artigo feminino antes dela:

E juntos fomos pela rua em direção a ela.

preposição

Um artifício para ajudar a saber se há ocorrência ou não de crase é substituir a palavra feminina regida pela preposição *a* por outra, masculina. Se aparecer *ao*, a crase se confirma. (Esse artifício não se aplica a nomes próprios.)

Os garotos não resistiram à curiosidade de conhecer a casa abandonada.

Os garotos não resistiram ao impulso de conhecer a casa abandonada.

Complete as frases empregando o acento grave indicador de crase quando for o caso.

A. Não contei _____ mãe de Mariana que íamos _____ casa abandonada.

B. Quando fui _____ Porto Alegre, fazia muito frio.

C. Ainda não recebi resposta _____ solicitação que fiz para a revisão da prova.

D. O velho pediu _____ garotada que fosse brincar em outro lugar.

E. Os aparelhos não estavam adaptados _____ altas temperaturas da região.

F. Os eletrodomésticos foram comprados _____ prazo.

G. A pulseira que dei _____ ela era igual _____ de minha irmã.

H. O homem levou a mão _____ cabeça, num gesto de assombro.

I. Não disse nada _____ ninguém sobre a minha próxima viagem.

J. Desse jeito, não chegaremos _____ nenhuma conclusão.

K. Sem energia elétrica, ficamos sem acesso _____ internet.

L. Os réus podem ser condenados _____ penas diversas.

M. Esta casa é igual _____ outras da rua.

N. Estou me referindo _____ minhas colegas da escola.

EVANDRO LUIZ/ARQUIVO DA EDITORA

4. O acento grave também é usado em **locuções adverbiais femininas**, como: *às vezes*, *à tarde*, *à toa*, *às escondidas*, etc. O acento é facultativo nas locuções adverbiais de instrumento: *ferido à/a bala*, *escrito à/a mão*, etc.

Complete as frases empregando **a**, **as**, **à** ou **às**, conforme o caso.

A. Tenho aula de natação _____ quintas, _____ tarde.

B. Não contei _____ vezes que voltei _____ casa abandonada.

C. _____ vezes, não consigo entender o que você diz.

D. O garoto tentou sair _____ pressas para não ser descoberto.

E. Não é ______ toa que ele não chegou: o trânsito está terrível.

F. Tranquei a porta ______ chave.

G. O pagamento deverá ser ______ vista?

H. Perdi meu livro ______ vésperas do exame.

I. Todas ______ sextas-feiras vou ao cinema com meus amigos.

J. A peça de teatro terminou ______ onze horas em ponto.

K. ______ quinta-feira amanheceu nublada.

L. O ganhador da corrida chegou bem ______ frente do segundo colocado.

M. Toda ______ frente da casa tinha rachaduras e as janelas deixavam o interior ______ mostra.

N. Ontem jantamos ______ luz de velas: faltou energia elétrica em todo o bairro.

O. Deixamos o carro na estrada e fomos cortando o mato ______ faca para abrir caminho até o mar.

Conexão com Cinema

007, o espião mais famoso do cinema

A "agente" Anairam, com sua capa de chuva sobre a camisolinha, parecia uma espiã de cinema.

Você sabe o que é um espião? É um agente secreto, isto é, uma pessoa contratada para, disfarçadamente, descobrir segredos de um país estrangeiro, de uma empresa concorrente, etc.

São muitos os filmes e os livros que têm espiões entre suas personagens, mas talvez nenhum desses espiões seja tão conhecido quanto James Bond.

O que muita gente não sabe ou não lembra é que esse famoso personagem surgiu primeiro na literatura. O ano era 1953 e a obra se chamava *Cassino Royale*. Nela o escritor inglês Ian Fleming (1908-1964) já definia os traços característicos do elegante agente do serviço secreto inglês: sorte no jogo e com as mulheres, poliglota, amante de carros e de velocidade.

O primeiro filme, *O satânico Dr. No*, foi lançado em 1962, com Sean Connery no papel principal. O sucesso foi tão grande que o cinema nunca mais deixou de lado James Bond: já são mais de vinte os filmes centrados no famoso 007.

EVERETT COLLECTION/KEYSTONE

Sean Connery e Ursula Andress em cena do filme *O satânico Dr. No*.

Vamos escrever com esquema

Faça um resumo do texto 2. Para isso, preencha os espaços a seguir:

As personagens ______________ e ______________ têm um plano: ______________________________. Certa noite, após ______________________, eles se reúnem e partem para a aventura, juntamente com o cão ______________ e o coelho ______________. Na rua, as doze badaladas deixam os meninos assustados, mas ______________________ e entram na casa. Lá dentro, tudo lembra filmes de terror: a sujeira da sala, ____.

Quando estão num dos quartos, de repente a luz se acende e eles são surpreendidos por ______________________________.
Eles ______________________________.
Por causa disso, ______________________________.
Nessa hora, ______________________ e, enquanto descem as escadas, ______________________________,
pois ele estava ______________________________.

No final, todos correm, gritando, para suas casas.

Vamos conversar

Agora que você já refletiu bastante sobre *O mistério da casa abandonada*, troque ideias com seus colegas a respeito das questões propostas a seguir.

O que é, claramente, "imaginação" do autor, no texto? E o que pode – ou poderia – ter, de fato, acontecido na infância dele e servido de inspiração para a criação da história? E o que, provavelmente, é "exagero" do autor?

- O comparecimento ao encontro, previamente marcado, de Odnanref e Anairam.
- A entrada na casa.
- A ajuda do cachorro no "salvamento" dos meninos.
- A participação do coelho na aventura.
- A hora – meia-noite – em que os "agentes" saíram para a aventura.
- A aparição do "velho".
- O destemor do menino, que age quase sempre como um herói, antecipando-se a Anairam e liderando o grupo de "agentes".

Ampliando horizontes

Leia o texto a seguir.

A função do leitor / 1

Quando Lúcia Peláez era pequena, leu um romance escondida. Leu aos pedaços, noite após noite ocultando o livro debaixo do travesseiro. Lúcia tinha roubado o romance da biblioteca de cedro onde seu tio guardava os livros preferidos.

Muito caminhou Lúcia, enquanto passavam-se os anos. Na busca de fantasmas caminhou pelos rochedos sobre o rio Antióquia, e na busca de gente caminhou pelas ruas das cidades violentas.

Muito caminhou Lúcia, e ao longo de seu caminhar ia sempre acompanhada pelos ecos daquelas vozes distantes que ela tinha escutado, com os olhos, na infância.

Lúcia não tornou a ler aquele livro. Não o reconheceria mais. O livro cresceu tanto dentro dela que agora é outro, agora é ela.

Eduardo Galeano. *O livro dos abraços*. Porto Alegre: L&PM, 2010. p. 20.

MARCELO JUSTO/FOLHAPRESS

Bienal Internacional do Livro de São Paulo, em 2010. As histórias estão dentro das pessoas, as pessoas estão dentro das histórias...

Vamos conversar

1. Reúnam-se em grupos para discutir o texto de Eduardo Galeano, relacionando-o com o texto da legenda da foto da Bienal Internacional do Livro de São Paulo.

A. Por que, por meio da leitura que Lúcia fez, tudo o que ela viu, sentiu e sonhou lendo o livro passou a existir dentro dela?

B. O autor diz: "vozes distantes que ela tinha escutado, com os olhos, na infância". O que seria "escutar com os olhos"?

C. E você? Já leu algo que realmente passou a fazer parte do seu interior, do seu eu? Em um momento mágico vivido por você, seja em sonho, seja provocado por uma leitura especial, o que você poderia relatar sobre ter uma história dentro de você ou você estar dentro de uma história?

2. Nem sempre é fácil estabelecer o limite entre o que é memória e o que é imaginação, na vida e num texto. Vocês já tiveram de contar alguma situação sobre a qual não tinham certeza de que estavam sendo "fiéis" aos fatos ou se estavam acrescentando coisas que lhe relataram ou que imaginaram? Conversem a respeito disso.

Vamos **relacionar** os textos

Os dois textos que você leu nesta unidade, *A disciplina do amor* e *O mistério da casa abandonada* têm alguns pontos em comum. Escreva um parágrafo sobre isso, usando necessariamente os termos do quadro abaixo.

memória	realidade	imaginação	1ª pessoa

Vamos **escrever**

"Quem conta um conto aumenta um ponto", diz um provérbio referindo-se a essa mistura de ficção e realidade que fazemos, principalmente ao contar algo acontecido num passado distante.

Para esta proposta de produção, você vai precisar da ajuda de seus pais ou responsáveis.

- Peça a eles que lhe contem alguma coisa que você fez de engraçado na infância, algo de que não se lembra bem ou de que não se lembra absolutamente. Anote a história relatada nas linhas a seguir.

- Agora conte essa mesma história, misturando os elementos do fato tal como ele foi relatado por seus pais ou responsáveis com sua própria imaginação.
- Você vai escrever para jovens da sua idade.
- "Aumente um ponto", isto é, seja o "herói" de sua história. Dê a sua "personagem" – você mesmo quando era pequeno – mais lucidez, mais espírito de aventura, mais consciência do que estava fazendo.
- Conte sua história em 1ª pessoa, mas não se esqueça de que: o narrador é e não é você. Afinal, você ficou bem mais esperto desde o fato acontecido até agora, certo?
- Dê um título "emocionante" a seu relato.

Auto-avaliação e reescrita

Mostre seu texto para quem lhe contou a história "verdadeira". Pergunte-lhe se o fato relatado está reconhecível na versão atual.

sim	não	
☐	☐	Seu texto foi escrito em 1ª pessoa, tendo como narrador-personagem a criancinha que você era, só que mais esperta?
☐	☐	A linguagem empregada está adequada ao leitor de seu texto?
☐	☐	As aventuras e intenções que você acrescentou estão divertidas, interessantes, exageradas?
☐	☐	O título está adequado à "nova" história, à "nova" personagem (você pequenininho)?

O professor vai recolher os textos e distribuí-los na classe para que cada aluno leia o texto de um colega. Faça observações e considere as que o colega fizer a respeito de seu texto. Retome seu texto e reescreva-o observando os pontos que podem ser aperfeiçoados. O professor, com a ajuda da classe, vai indicar alguns alunos para ler a versão final de seu texto para todos os colegas.

Vocês podem organizar um painel dos textos na classe.

Provavelmente as histórias estarão bem divertidas!

Unidade 5

HISTÓRIAS DE AVENTURA

- **FOCO:** os pretéritos perfeito e imperfeito na construção da narrativa.
- **GÊNERO:** história de aventura.
- **PRÁTICAS DE LINGUAGEM:** coordenação de orações; neologismos; parônimos; colocação pronominal; pretérito do indicativo; monossílabos tônicos.

VAMOS LER 1

Lúcia Machado de Almeida (1910-2005) nasceu no estado de Minas Gerais. Quando criança já inventava histórias, que contava para seus colegas de brincadeiras. Começou sua produção literária na década de 1940. Trabalhou como tradutora e jornalista. Um de seus livros infantojuvenis mais conhecidos, *O escaravelho do diabo*, foi publicado pela primeira vez na revista *O Cruzeiro*, em 1956. Suas obras voltadas ao público infantojuvenil foram grandes sucessos editoriais, como *O caso da borboleta Atíria*, *Aventuras de Xisto*, *Xisto no espaço* e *Spharion*.

Aventuras de *Xisto*

CASTELOS, RAINHAS, CAVALEIROS, FEITICEIROS... É NESSE UNIVERSO QUE SE PASSA ESTA HISTÓRIA.

Uma tarde Xisto e Bruzo encontraram uma hospedaria à margem do caminho e resolveram passar a noite nela.

Mal entraram, viram alguns soldados assentados às mesas fazendo um barulhão, pois estavam meio embriagados.

— À vitória de Mirtofredo Barba-Coque! — gritou um deles subindo em cima da mesa, levantando o copo e bebendo vinho, no que foi imitado pelos companheiros.

Ao escutar o nome do inimigo de El-Rei Magnoto, Xisto prestou ainda mais atenção à conversa.

NIK NEVES/ARQUIVO DA EDITORA

— Pelo que ouço, aquele "fripalta" anda por aqui — disse ele baixinho.

O álcool fazia seus efeitos, e os homens, entre gargalhadas, falavam em assaltos, emboscadas, etc.

insolente: desrespeitoso; grosseiro.

Ansioso por saber o que estava acontecendo, Xisto arranjou um meio de interrogar disfarçadamente um dos soldados.

Apesar de bastante embriagado, o homem deixou escapar em resumo o seguinte: a rainha daquele país era uma velha e infeliz viúva, cega havia já bastante tempo. Aproveitando-se da circunstância, o torpe Barba-Coque estava se preparando para invadir o reino dentro de uma semana.

Indignado com tanta covardia, Xisto fingiu desinteresse e jurou a si mesmo aplicar uma grande lição no barbudo Mirtofredo. No dia seguinte procurou a rainha cega, contou-lhe o que ouvira e ofereceu-lhe seus serviços, prometendo proteger o reino contra o iminente ataque.

[...]

Debaixo da maior moita começaram os preparativos. Xisto convocou todo o pessoal da cidade e reuniu-os no castelo da rainha, que era enorme e tinha muitas salas. Durante sete dias e sete noites os homens, mulheres e crianças da cidade não fizeram outra coisa senão lhe obedecer as ordens.

No fim da semana, estava tudo preparado.

— Vamos esperar o inimigo fora das portas da cidade — disse Xisto.

Orgulhoso e insolente, Mirtofredo avançava com seu exército em direção ao país da rainha cega. Sua famosa barba vermelha, cortada num momento de fúria, já crescera novamente e aureolava-lhe o queixo como um resplendor de fogo.

Protegidos por couraças e escudos, os soldados vinham a todo galope, montados nos cavalos selvagens que relinchavam, empinando-se a cada momento e levantando uma nuvem de poeira no meio do caminho.

— Às portas da cidade! — ordenou Mirtofredo, tomando o atalho naquela direção.

Antegozando o saque e a pilhagem, os guerreiros soltavam gritos e exclamações grosseiras.

Nisso, uma coisa espantosa os fez parar. Em marcha lenta, avançava para eles um grande exército de gigantes! [...]

ALMEIDA, Lúcia Machado de. *Aventuras de Xisto*. 22. ed. São Paulo: Ática, 2003.

Na moita: às escondidas, sem ninguém saber.

Moita: conjunto de arbustos.

NIK NEVES/ARQUIVO DA EDITORA

Vamos **entender** o texto

1. O livro *Aventuras de Xisto* é inspirado nas chamadas **novelas de cavalaria**, gênero que nasceu na Europa, durante a Idade Média. De modo geral, nelas são narrados os feitos de um herói nobre – o cavaleiro –, corajoso e bom, que serve a uma dama, a quem defende e louva. Baseando-se nessas informações, responda às questões propostas.

A. Quem é o "herói" de *Aventuras de Xisto*?

B. Quem é a dama a ser defendida?

C. Que perigo ela corre?

D. Quem é o inimigo a ser vencido?

E. Transcreva do texto palavras e expressões pelas quais fica bem perceptível que a história é uma espécie de novela de cavalaria medieval.

2. O herói é habitante do país pelo qual vai lutar? Justifique sua resposta com elementos tirados do texto.

3. Qual é o tipo de narrador dessa história?

NIK NEVES/ARQUIVO DA EDITORA

4. **Releia esta frase do texto:**

Uma tarde Xisto e Bruzo encontraram uma hospedaria à margem do caminho e resolveram passar a noite nela.

Como você imagina que seja o modo de vida de Xisto e seu amigo Bruzo?

____

5. **Após ouvir os soldados dizerem que Mirtofredo Barba-Coque ia invadir o reino da rainha cega, qual foi a reação de Xisto?**

____

____

6. **Com base no texto, complete as frases seguintes.**

A. Ansioso por saber o que estava acontecendo, Xisto ______________________________

____

______________________________.

B. Indignado com a covardia tramada por Mirtofredo, Xisto prometeu a si mesmo

____

____

______________________________. No dia seguinte procurou a rainha cega e ______________

______________________________.

C. Xisto e a população do reino trabalharam durante ______________________________

______________________________ nos preparativos para a luta. Decidiram esperar o inimigo ______________________________.

Práticas de linguagem

1. **Veja o modelo.**

Xisto arranjou um meio de interrogar disfarçadamente os soldados, pois estava ansioso por saber o que estava acontecendo.

Ansioso por saber o que estava acontecendo, Xisto interrogou disfarçadamente os soldados.

Você observou que a inversão das orações não altera o sentido das frases.

Faça a mesma transformação nas frases propostas. Efetue modificações quando necessário.

A. Mirtofredo avançava com seus exércitos em direção ao país da rainha cega, pois era orgulhoso e insolente.

B. Os guerreiros de Mirtofredo antegozavam os saques que fariam, pois estavam convencidos de sua vitória.

C. A velha senhora deu plenos poderes a Xisto, pois estava comovida com sua oferta.

D. A população trabalhava dia e noite, pois estava animada com o plano de Xisto.

2. **Em certa passagem, Xisto diz que Mirtofredo é um fripalta. Se você procurar esse vocábulo no dicionário, não o encontrará. É que se trata de um neologismo, isto é, de uma palavra criada pela autora de *Aventuras de Xisto*. Pelo contexto, qual é o significado mais provável de *fripalta*?**

A. ☐ rapaz

B. ☐ ingênuo

C. ☐ andarilho

D. ☐ patife

E. ☐ gênio

3. **Crie um neologismo para expressar os seguintes traços da personagem Xisto:**

A. corajoso.

B. inteligente.

4. **Releia:**

No dia seguinte procurou a rainha cega, contou-lhe o que ouvira e ofereceu-lhe seus serviços, prometendo proteger o reino contra o **iminente** ataque.

A palavra *iminente* significa "que está prestes a ocorrer". Muitos a confundem com *eminente*, que quer dizer "superior, elevado".

***Iminente* e *eminente* são parônimos, isto é, palavras que têm sentidos diferentes mas formas semelhantes, o que acaba provocando confusão. Nos itens a seguir, complete os espaços com um dos parônimos propostos entre parênteses.**

A. Ao perceber que tinha tocado num assunto delicado, calou-se com ______________. (descrição / discrição)

B. A presidente do clube exigiu que o estatuto fosse ______________ por todos os associados, inclusive os membros da diretoria e ela mesma, claro. (comprido / cumprido)

C. Depois da terrível enchente, percebeu-se que todos os ______________ do ônibus estavam danificados. (assentos / acentos)

D. O pianista Nelson Freire prometeu apresentar-se no teatro municipal no final deste mês, numa série de três ______________. (concertos / consertos)

E. Acuado, o moleque entrou em pânico e, antes de se dar conta do que estava fazendo, ______________ os colegas que, junto com ele, tinham se aventurado no grande casarão abandonado. Mais tarde, arrependeu-se amargamente de sua atitude. (dilatou / delatou)

NIK NEVES/ARQUIVO DA EDITORA

Conexão com Literatura

Novelas de cavalaria

As novelas de cavalaria inspiraram uma das maiores obras-primas da literatura universal: *Dom Quixote de la Mancha*, escrito pelo espanhol Miguel de Cervantes (1547-1616).

Nesse romance, o protagonista, pequeno fidalgo quase idoso, perde o juízo de tanto ler novelas de cavalaria, e resolve tornar-se ele mesmo um cavaleiro andante. Para isso, parte mundo afora acompanhado de Sancho Pança, que tenta trazer seu amo de volta à realidade. Em vão: por toda parte, Dom Quixote só vê o que sua alucinada imaginação quer ver.

Monteiro Lobato adaptou essa obra para o público infantil e escreveu *Dom Quixote das crianças*. Nele, Dona Benta, em vez de ler o livro de Cervantes para os netos, resolve contar a história à sua maneira. A turma do Sítio do Picapau Amarelo se empolga e passa a dramatizar as cenas.

Além de Monteiro Lobato, muitos outros autores fizeram adaptações desse clássico da literatura para o jovem leitor.

CANDIDO PORTINARI/MUSEUS CASTRO MAYA, RIO DE JANEIRO

Dom Quixote e Sancho Pança saindo para suas aventuras, de Candido Portinari. Desenho a lápis de cor/cartão, 28,5 x 21,5 cm [1956].

Vamos escrever

O texto que você leu se encerra num momento crucial: o embate de Xisto e de Mirtofredo.

Imagine uma sequência para ele, seguindo as orientações abaixo.

- Decida se seu texto vai dar a vitória a Xisto ou a Mirtofredo.
- Há um mistério no ar. Em certo momento, o narrador diz: "No fim da semana, estava tudo preparado.". E, no final: "Em marcha lenta, avançava para eles um grande exército de gigantes!". O que será esse *tudo*? Quem serão esses *gigantes*?
- Caso decida pela vitória de Xisto, narre a batalha até encaminhá-la a seu final. Quem o ajudou, e de que jeito? Que desafios Xisto enfrentou? O que aconteceu com a rainha e seu reino, após a batalha? Não se esqueça de esclarecer o enigma dos gigantes!
- Caso decida pela vitória de Mirtofredo, siga as mesmas orientações propostas no item anterior, adaptadas, claro, ao final que escolheu.
- Invente ao menos um neologismo para o seu texto.
- Dê um título para o "novo" capítulo do livro que você inventou.

Os gigantes

A SEGUIR VOCÊ VAI ACOMPANHAR OS LANCES DA BATALHA ENTRE O ENTRÉPIDO CAVALEIRO E SEU CRUEL E COVARDE INIMIGO.

VAMOS LER 2

***Aventuras de Xisto*, de Lúcia Machado de Almeida, faz parte de uma trilogia com os títulos *Xisto no espaço* e *Xisto e o pássaro cósmico*, em que o protagonista sai mundo afora "endireitando as coisas erradas".**

[...]

Apavorados, os guerreiros de Mirtofredo imediatamente assestaram os arcos e crivaram de setas o corpo dos gigantes. Inútil! Dir-se-ia que os monstros eram invulneráveis, pois continuavam marchando calmamente para a frente! O pânico espalhou-se num segundo pelas tropas de Mirtofredo, que começaram a recuar no meio da maior bagunça. Em vão Barba-Coque instigava seus homens a continuarem o avanço.

— A rainha é filha do diabo! — gritava um.

— Esse reino é maldito! — exclamava outro.

Somente após os primeiros momentos de pavor e surpresa foi que Mirtofredo descobriu Bruzo e a pequena figura de Xisto marchando a cavalo, comandando o exército de monstros.

Apesar do receio que os gigantes lhe inspiravam, Barba-Coque esporeou seu cavalo selvagem na direção do moço, a fim de atacá-lo.

Xisto mal teve tempo de colocar o elmo e de segurar a lança e o escudo que Bruzo lhe dava. Louco de raiva, Mirtofredo avançou para ele, empunhando uma espécie de chicote cheio de cadeias, das quais pendiam esferas de ferro crivadas de espigões agudos. Desrespeitando as leis da cavalaria, Barba-

NIK NEVES/ARQUIVO DA EDITORA

NIK NEVES/ARQUIVO DA EDITORA

-Coque não esperou que Xisto tomasse posição de combate e atirou-se a ele de surpresa, derrubando-o do cavalo. O moço foi tão infeliz no tombo que quebrou uma perna, ficando impossibilitado de se levantar.

Vendo-o em situação crítica, o covarde Mirtofredo arrancou-lhe o elmo e preparou-se para fustigar-lhe o rosto com o terrível chicote d'armas. Mais que depressa, Bruzo saltou sobre Barba-Coque e, com a fenomenal força que possuía, conseguiu suster o golpe, segurando-lhe o braço.

O rosto do escudeiro estava vermelho, e de sua testa escorria muito suor. A certo momento Bruzo conseguiu derrubar Mirtofredo, que imediatamente se levantou, preparando-se para novo assalto.

Nisso, um dos medonhos gigantes [...] veio se aproximando numa corrida tão rápida quanto lhe permitia a sua elevada estatura. Percebendo que o monstro estava perto, Barba-Coque assustou-se e, apesar de seu ímpeto, desistiu do golpe que planejava, montou a cavalo e fugiu a todo galope.

Teve azar, pois, ao sair atrás do exército que recuava, meteu-se por um desfiladeiro, e seu cavalo escorregou, rolando por um precipício à beira da estrada. Sua morte foi quase instantânea. Quanto aos seus guerreiros... ai deles! Já estavam longe e bem longe daquela terra onde nunca mais poriam os pés!

O primeiro cuidado de Bruzo foi socorrer o pobre amo, que gemia, com dores atrozes. A perna estava quebrada em dois lugares, e Xisto teve de ser carregado para o castelo da rainha, onde ficou de cama, completamente imóvel. A pobre senhora ainda ignorava o estratagema que ele usara para libertar o reino dos invasores e estava ansiosa por ouvi-lo. Depois de convenientemente tratado, o moço recebeu a visita da rainha.

— Sei que não és nenhum mágico — disse ela. Contaram-me que sempre vences os inimigos por meio de recursos naturais. Que explicação me dás para o exército de monstros?

— Vossa Majestade deve lembrar-se de que durante sete dias e sete noites toda a população da cidade foi convocada para trabalhar.

— Trabalhar como?

— Fabricando gigantes de... madeira e... pano pintado!

— Pano pintado?

— Sim. Antes de tudo, planejei vários "monstros" cada qual mais feio do que o outro. Depois dividi o trabalho de modo que cada pessoa ficasse encarregada de determinada tarefa: uns riscavam e cortavam, outros pintavam ou preparavam a armação de madeira.

— Que ideia engenhosa! Mas como se explica que os gigantes andassem?

— Eram ocos, e dentro de cada um deles ia um homem que enxergava por pequena abertura disfarçada à altura dos olhos. Esse homem tinha nas mãos várias cordas ligadas à cabeça e aos braços do "monstro", que eram puxadas à vontade, a fim de movimentar o rosto e os membros dos gigantes.

— Que imaginação, meu caro amigo! A ela e à tua generosidade devo a salvação de meu reino. [...]

ALMEIDA, Lúcia Machado de. *Aventuras de Xisto*. 22. ed. São Paulo: Ática, 2003.

Vamos **entender** o texto

1. **Nas novelas de cavalaria, o cavaleiro é muitas vezes acompanhado, em suas aventuras contra o mal, de um fiel escudeiro, que o auxilia.**

A. Quem é esse escudeiro, no texto lido?

B. Qual seu papel, na batalha?

2. **No texto, há vários termos bélicos, alguns deles típicos das batalhas travadas na Idade Média.**

A. Sublinhe o(s) significado(s) correto(s) dos termos destacados:

- Apavorados, os guerreiros de Mirtofredo imediatamente **assestaram** os arcos e **crivaram** de setas o corpo dos gigantes.

  Assestar: erguer – apontar – segurar – direcionar – preparar

  Crivar: cobrir – ferir – golpear – perfurar – transpassar

- Xisto mal teve tempo de colocar o **elmo** e de segurar a lança e o escudo que Bruzo lhe dava.

  Elmo: capacete – luva – viseira – peitoral – joelheira

- Louco de raiva, Mirtofredo avançou para ele, empunhando uma espécie de chicote cheio de **cadeias**, das quais pendiam esferas de ferro crivadas de **espigões** agudos.

  Cadeias: pregos – tachinhas – correntes – cordões – fios

  Espigões: triângulos – anéis – botões – ferrões – cordas

B. Consulte um dicionário e verifique se você sublinhou as palavras mais adequadas, no item *A*.

3. **Resuma os principais lances da batalha. Use, necessariamente, todos os verbos listados no quadro a seguir, colocando-os na ordem em que ocorrem no texto.**

atacar	avançar	defender	fugir	cair
ferir	morrer	salvar	correr	

4. **Nos últimos parágrafos do texto, ficamos sabendo quem eram, afinal, os gigantes. Para isso, a autora lança mão de um recurso narrativo conhecido como *flashback*: só depois de narrar toda a batalha é que conta o que aconteceu antes de ela começar.**

Agora você vai narrar o que aconteceu durante os preparativos para a batalha na ordem cronológica.

NIK NEVES/ARQUIVO DA EDITORA

A. Complete o resumo com detalhes do estratagema planejado por Xisto e posto em prática pelos habitantes da cidade, antes do ataque de Mirtofredo e seus soldados:

Debaixo da maior moita começaram os preparativos. Xisto convocou todo o pessoal da cidade e reuniu-os no castelo da rainha, que era enorme e tinha muitas salas. Durante sete dias e sete noites os homens, mulheres e crianças dedicaram-se a ____________________. Cada um ficou encarregado de uma tarefa: ____________________. Esses gigantes eram ocos: em cada um deles ____________________ por pequena abertura disfarçada ____________________. Esse homem tinha nas mãos ____________________ ligadas à cabeça e ____________________ do "monstro", que eram puxadas à vontade, a fim de ____________________ dos gigantes.

B. O que mudaria na leitura que nós, leitores, faríamos do texto, se a autora não tivesse recorrido ao *flashback* e contasse a história na ordem cronológica, como você fez acima?

Conexão com Mitologia

O cavalo de Troia

Nesse episódio de *Aventuras de Xisto*, os falsos gigantes usados pelo herói para salvar o reino da rainha cega lembram um dos mais famosos estratagemas de guerra da mitologia. Trata-se do cavalo de Troia, que o astucioso herói grego Ulisses teria imaginado e fabricado na guerra contra Troia, na Antiguidade.

As coisas teriam ocorrido desta maneira: durante dez anos os gregos tentaram em vão invadir e tomar Troia, cidade cercada por uma muralha. Quando já estavam desistindo, Ulisses teve a ideia de fingir que os gregos haviam desistido e ido embora. Como símbolo da derrota, deixaram à porta de Troia um imenso cavalo de madeira.

Os troianos caíram na armadilha: trouxeram o "presente de grego" para dentro da cidade e, à noite, foram atacados por diversos guerreiros que estavam escondidos dentro do cavalo oco.

Essa história é narrada brevemente na *Ilíada*, de Homero (séc. IX a.C.), e, mais detalhadamente, em *Eneida*, de Virgílio (séc. I a.C.).

ALEX BAILEY/WARNER BROS.

O cavalo construído pelos gregos em cena do filme *Troia*, de 2004, dirigido por Wolfgang Petersen.

Práticas de linguagem

1. De acordo com a variedade-padrão da língua, o **pronome oblíquo** deve ser colocado, como regra geral, depois do verbo. Esse emprego do pronome é chamado de **ênclise**:

"[...] O pânico espalhou-**se** num segundo pelas tropas de Mirtofredo [...]."

Há exceções. Por exemplo, quando o verbo estiver empregado no futuro do presente ou no futuro do pretérito, o pronome deve ser usado no meio dele, antes da terminação verbal:

"[...] Dir-**se**-ia que os monstros eram invulneráveis [...]."

***Diria + se = dir-se-ia*. Este emprego é chamado de mesóclise.**

Hoje em dia, o uso da mesóclise é muito raro no português do Brasil, mesmo em textos que adotam a variedade-padrão, como os editoriais de jornais e revistas de grande circulação. Mas aparecem, por exemplo, em textos jurídicos.

O texto lido, como vimos, é inspirado em novelas de cavalaria. Na sua construção, cria-se, pela linguagem, o clima adequado a esse gênero de texto. Daí, o uso da mesóclise, como acontece em textos clássicos.

Se a mesóclise é de uso raro na nossa língua, também não é comum, no dia a dia, na linguagem informal, o emprego do pronome oblíquo depois do verbo. No lugar de *"O pânico espalhou-se..."*, teríamos usualmente *"O pânico se espalhou..."*.

Mas a **próclise**, isto é, a colocação do pronome antes do verbo, de acordo com a norma-padrão da língua, só deve ocorrer quando houver palavras na frase que atraiam o pronome para essa posição. São exemplos:

- palavras ou expressões de valor negativo, como *não, nunca, ninguém, nada*, etc.: *Os guerreiros de Barba-Coque fugiram e* ***ninguém nunca mais os*** *viu por aquelas terras.*
- advérbios: *amanhã, em vão, somente, como*, etc.: "[...] *Bruzo conseguiu derrubar Mirtofredo, que* ***imediatamente se*** *levantou* [...]."
- pronomes indefinidos, relativos e interrogativos: *tudo, alguém, vários, quem, quantos*, etc.: "***Que*** *explicação* ***me*** *dás para o exército de monstros?*".

Reescreva as frases empregando, de acordo com a norma-padrão da língua, o pronome oblíquo dado entre parênteses.

A. Não sabe se ela veio. Ninguém viu chegar. (se – a)

B. Apesar do receio que inspiravam os gigantes, Barba-Coque não desistiu de atacar. (lhe – os)

C. Farei esse favor que pedem. (lhes – me)

Encontro dos bonecos gigantes em rua de Olinda, no carnaval de 2010.

LEO CALDAS/PULSAR IMAGENS01LC032

D. Empreste seu livro de histórias de cavalaria. Prometo devolver na semana que vem. (me – o)

E. Os bonecos gigantes são uma atração do carnaval de Olinda. O povo sobe e desce as ladeiras da cidade seguindo e quem carrega não importa com o peso nem com o calor da enorme fantasia. (os – os – se)

2. **Além do uso dos pronomes de acordo com a norma-padrão da língua para dar ao texto o efeito conseguido pelos textos clássicos de aventura, a autora usa formas de tratamento diferentes nas falas de Xisto e da rainha.**

A. Na conversa com Xisto, em que pessoa estão os verbos usados pela rainha em sua fala? Dê exemplos.

B. Em que pessoa estão os verbos empregados por Xisto ao dirigir sua fala à rainha? Que pronome de tratamento ele usa?

C. Como você explica esses usos?

3. **Releia este trecho:**

Orgulhoso e insolente, Mirtofredo **avançava** com seu exército [...].

Protegidos por couraças e escudos, os soldados **vinham** a todo galope, montados nos cavalos selvagens que **relinchavam** [...].

Antegozando o saque e a pilhagem, os guerreiros **soltavam** gritos e exclamações grosseiras.

Note que os verbos destacados estão no pretérito imperfeito do indicativo. Um dos usos desse tempo verbal é **descrever** a situação, as circunstâncias tais como elas se apresentavam (no passado) quando algo ocorreu (também no passado) – esse "algo" vem expresso no pretérito perfeito do indicativo:

Nisso, uma coisa espantosa os **fez** parar.

A partir do parágrafo seguinte, os verbos estão quase sempre no pretérito perfeito do indicativo, construindo a sequência das ações. Veja:

Apavorados, os guerreiros [...] **assestaram** os arcos e **crivaram** de setas o corpo dos gigantes. [...] O pânico **espalhou-se** num segundo.

[...] Barba-Coque **esporeou** seu cavalo selvagem [...].

Nos itens a seguir, conjugue os verbos entre parênteses no pretérito perfeito ou no imperfeito do indicativo, indicando estes com um I e aqueles com um P.

A. (Ser) uma vez um sapo encantado que (morar) numa lagoa. Um dia, uma bela princesa (aproximar-se) dele e o (beijar).

B. Naquela quarta-feira o tempo (estar) fechado, uma chuvinha fina (cair) sobre a cidade. De repente, Emanuel (lembrar-se) de seu compromisso, (olhar) o relógio e (sair) apressadamente.

C. O galã da novela (passear) calmamente pelo *shopping*, pois (estar) bem disfarçado sob a peruca e os óculos escuros. Uma garotinha muito esperta, porém, o (reconhecer) e (gritar) alto, para todo mundo ouvir: "Mário Bolonhesa usa peruca!".

D. Já (ser) tarde da noite e a cidade toda (dormir) quando os soldados gregos (sair) do imenso cavalo de madeira e (gritar) palavras de guerra.

Ortografia
Acentuação

Observe:

Xisto e Bruzo iam **por** aquele caminho. (por = preposição)

Mirtofredo queria **pôr** as mãos nas riquezas daquele país. (pôr = verbo)

A preposição *por* é um monossílabo átono. O verbo *pôr* é um monossílabo tônico e leva acento gráfico.

Ela **tem** facilidade para fazer amigos.

Elas **têm** facilidade para fazer amigos.

O guerreiro **vem** a cavalo.

Os guerreiros **vêm** a cavalo.

Os verbos derivados de *vir* e *ter*, quando no singular, levam acento agudo, e, no plural, acento circunflexo:

Este acordo não me **convém**.

Estes acordos não me **convêm**.

O policial **mantém** a ordem no trânsito.

Os policiais **mantêm** a ordem no trânsito.

Os verbos *crer*, *dar*, *ler* e *ver* são acentuados graficamente apenas no singular:

Ele **crê**.

Eles **creem**.

Passe para o plural as frases que estiverem no singular, e para o singular as que estiverem no plural, acentuando devidamente os verbos:

A. A zeladora mantém sempre o bom humor.

___

B. O frasco contém um líquido verde.

___

C. Tomara que seus esforços deem bons resultados.

___

D. Os policiais detêm os motoristas no ato da infração.

___

E. Este alimento provém do leite.

___

F. O filtro retém as impurezas da água.

G. No inverno, deem um agasalho para a campanha.

H. O agnóstico crê em Deus?

I. Os professores também leem livros de aventura.

J. O diretor vê os filmes na sala de projeção.

K. Os alunos reveem e corrigem seus textos.

L. Nosso mural tem algumas fotos tiradas por satélites.

Ampliando horizontes

A palavra *aventura*

Você sabe o que é etimologia? É o estudo da origem e da evolução das palavras. Leia o texto a seguir:

NIK NEVES/ARQUIVO DA EDITORA

Estamos todos, a esta altura da História, razoavelmente habituados à Teoria da Evolução no que se refere aos seres vivos. No entanto, habitualmente não pensamos que as palavras que usamos todos os dias se comportam como seres vivos.

Mas a verdade é que elas obedecem a ciclos evolucionários: nascem, se desenvolvem, têm um apogeu e muitas vezes morrem, caindo em desuso ou desaparecendo – às vezes juntamente com o idioma inteiro.

Ao longo da sua vida, muitas vezes o seu sentido se altera profundamente. O mesmo pode acontecer com a sua forma. Alguém poderia desconfiar que o inglês *quick* – “rápido”, hoje em dia – vem do latim *vivus*?

Disponível em: <http://origemdapalavra.com.br>. (Acesso em 10 jan. 2010).

Nesta unidade, lemos uma narrativa de aventura. Se fizermos um estudo etimológico simples da palavra *aventura*, descobriremos que esse substantivo feminino é proveniente do verbo latino *advenire*, que significa "advir", "acontecer", "surgir". Tratava-se, portanto, de um termo ligado ao futuro, ao que será, mas ainda não é.

A partir daí, seu significado passou a associar-se às ideias de sorte, destino, acaso, com sua dose de risco, de perigo – o que se pode perceber bem no verbo *aventurar*, tão próximo do verbo ousar...

Mas foi com as novelas de cavalaria medievais que o termo adquiriu o sentido que conhecemos quando falamos, genericamente, em histórias de aventura: ação extraordinária na qual se misturam o perigo e o prazer da descoberta.

Vamos conversar

Troque ideias com seus colegas a respeito das questões propostas a seguir.

1. Você acha que descobrir a origem das palavras pode ser uma grande aventura?
2. E descobrir a origem das sociedades humanas, da vida, do Universo?
3. Você acha que é possível viver uma grande aventura apenas observando o que se passa na rua?

Vamos escrever

Agora você vai redigir mais um capítulo do livro *Aventuras de Xisto*. Nele, Bruzo e Xisto tentarão salvar uma criança, que está tendo muitos e misteriosos pesadelos.

No texto de Lúcia Machado de Almeida, a autora usa elementos da mitologia grega (o cavalo de Troia), recriados em uma narrativa diferente (os gigantes). No seu texto, você vai partir de elementos da tradição afro-brasileira. Para inspirar-se, leia o seguinte parágrafo:

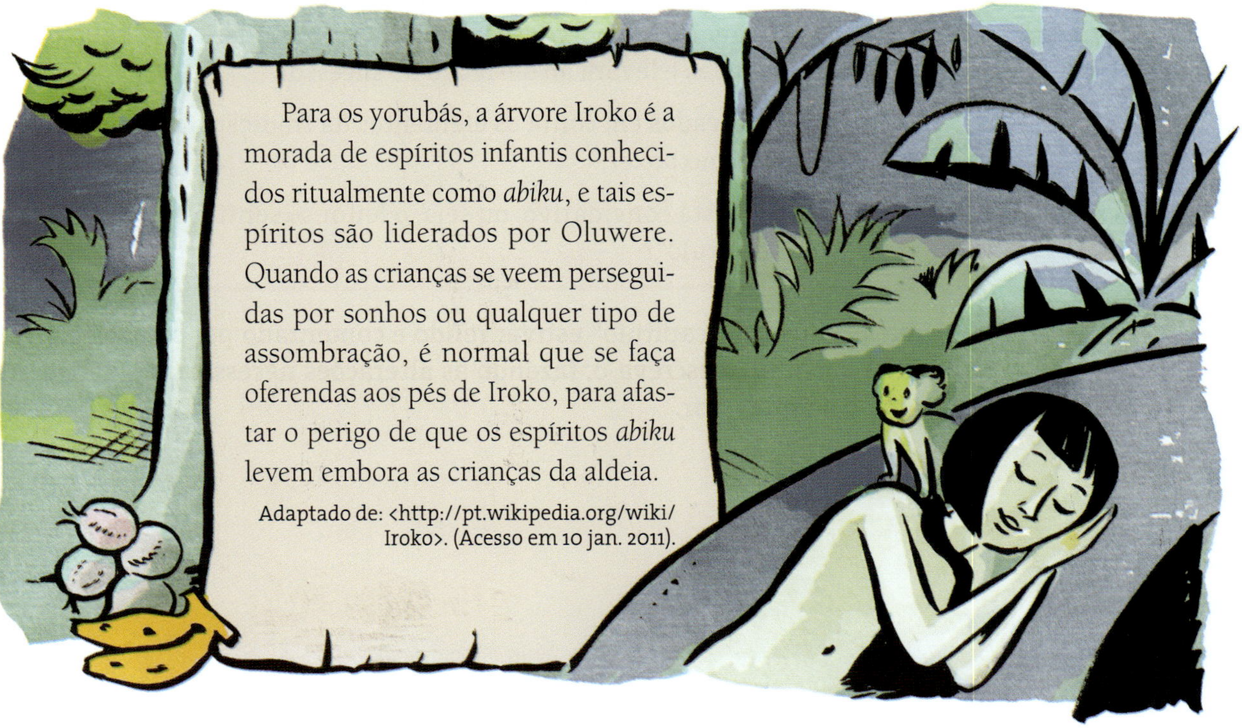

Para os yorubás, a árvore Iroko é a morada de espíritos infantis conhecidos ritualmente como *abiku*, e tais espíritos são liderados por Oluwere. Quando as crianças se veem perseguidas por sonhos ou qualquer tipo de assombração, é normal que se faça oferendas aos pés de Iroko, para afastar o perigo de que os espíritos *abiku* levem embora as crianças da aldeia.

Adaptado de: <http://pt.wikipedia.org/wiki/Iroko>. (Acesso em 10 jan. 2011).

NIK NEVES/ARQUIVO DA EDITORA

- Narre sua história em terceira pessoa.
- Não é necessário ir a fundo na inclusão desses elementos: use as informações da página anterior apenas como ponto de apoio para sua imaginação.
- Comece descrevendo a situação inicial: quem é o menino que está tendo pesadelos? Como, onde, com quem ele vive? Que pesadelos são esses? Lembre-se: nesses trechos, os verbos aparecem predominantemente no pretérito imperfeito do indicativo.
- Em seguida, conte: como Bruzo e Xisto entraram em contato com o garoto? O que fizeram para ajudá-lo? Com quem tiveram de lutar? Quem os ajudou? Qual o papel da árvore Iroko na história? Observação: nas narrativas desses lances de ação – a sequência das aventuras –, a predominância deve ser de verbos no pretérito perfeito do indicativo.
- Procure criar um desfecho de sucesso para a empreitada de Xisto e Bruzo: salve o garoto dos pesadelos.
- Dê um título para seu "capítulo".

Auto-avaliação e reescrita

Escolha um colega de classe: um vai ler e comentar o texto do outro. Sentem-se juntos, peguem lápis e papel e anotem as propostas e comentários que você e seu colega fizerem a respeito das produções textuais. Orientem-se pelo quadro a seguir.

sim	não	
☐	☐	O texto inicia apresentando o menino vítima de pesadelos e a situação em que se encontra antes de conhecer Xisto e Bruzo?
☐	☐	O narrador é em terceira pessoa?
☐	☐	As aventuras vividas por Xisto, Bruzo, o garoto e demais personagens que porventura tenham sido criadas estão bem encadeadas e levam ao desfecho de sucesso?
☐	☐	Foram levados em conta os elementos da tradição afro-brasileira contidos no boxe?
☐	☐	O título está convidativo, ou seja, o leitor se sentirá instigado a ler seu "capítulo"?

Uma vez que seu "capítulo" estiver relido e comentado por seu colega, volte a trabalhar sozinho: reescreva-o, fazendo as alterações necessárias e pertinentes e entregue-o ao professor.

Unidade **6**

A LINGUAGEM DOS MEIOS VIRTUAIS

- **FOCO:** características da escrita virtual na crônica.
- **GÊNEROS:** crônica e capítulo de novela.
- **PRÁTICAS DE LINGUAGEM:** estrangeirismos, particularidades da escrita nos meios virtuais; imperativo, grau superlativo, vocativo.

VAMOS LER 1

Mario Prata nasceu em Uberaba (MG) em 1946, foi criado em Lins (SP). Jornalista, escritor e dramaturgo de sucesso, ganhou prêmios importantes em todas as áreas em que atuou.

Na pracinha

COMO CONHECER ALGUÉM INTERESSANTE PARA CONVERSAR, "FICAR", NAMORAR? ESSA É UMA QUESTÃO QUE OS JOVENS SE FAZEM HOJE TANTO QUANTO SEMPRE. OS "LUGARES" É QUE VARIAM, COMO VOCÊ VAI VER NO TEXTO A SEGUIR.

Lembra no interior, de noite, na pracinha? O *footing*? Os rapazes num círculo maior, observando, as meninas rodando por dentro. Pouco a pouco os contatos, a paquera, o namoro.

Pois a pracinha voltou. E voltou toda cibernética, quem diria.

Eu sempre achei esse negócio de *chat*, da internet, muito chato. Não apenas pela facilidade etimológica do trocadilho. Mas entrar lá, aquelas pessoas desconhecidas. Podem ser agressivas. Falta do que fazer. Perda de tempo.

Até que descobri que ir a um *chat* é exatamente igual a ir à pracinha da cidade. Sem tirar nem pôr. Ou seja, é bom. E pior: vicia.

Mas tem os seus macetes. Como tinha ir à pracinha no meu tempo de adolescente. Tinha o jeitão de parar, de olhar, o momento certo do olhar, do ataque. No *chat* é exatamente igual.

Você chega como quem chega na pracinha. Ou seja, como quem não quer nada.

Como se você tivesse caído ali por acaso.

E você fica olhando, observando quem está ali na praça. Você não vê as pessoas. Você lê as pessoas. É mais ou menos parecido. Aquela garota com aquele decote convidativo podia te pegar do mesmo jeito que uma vírgula bem colocada ou uma subliminar interrogação num *chat* pode chamar a sua atenção.

THEO/ARQUIVO DA EDITORA

THEO/ARQUIVO DA EDITORA

Um adjetivo bem usado pode parecer um requebro gostoso, encantador. De repente, um simples três-pontinhos pode ter o mesmo significado de um lenço que cai aos seus pés.

Portanto, chega-se, como nas pracinhas, na moita. Chega ali de anônimo. E fica observando o movimento. Você ainda não precisa falar. Você pode *sorrir para* alguém da praça. E se, na volta seguinte, ela também *sorrir para você*, a coisa tá boa.

Aí você começa a seguir a mina. Passa por uma coisa assim ó, :). Significa q tá td bem. Vê com quem ela anda conversando e, principalmente, qual é o papo. Mas fique atento porque se ela sumir sem sair da pracinha é porque ela está com alguém no *reservado*. E lá no *reservadamente* jamais saberemos o que rola entre eles.

Mas se ela passar de novo e *flertar com* você, já é meio caminho andado.

Fique atento para ver se ela não anda sorrindo para mais ninguém na praça.

Pronto, é a hora de *paquerar com*. Não tenha pressa, ela está ali. Chegue devagar e *murmure para* ela um oi.

Se ela responder, vá com calma. Não é hora ainda de ir para o reservado.

Pergunta para ela e *responda para* ela algumas coisas. Dialogue.

Passem a conversar só os dois. *Ignorar* todos os demais. Fique ali, dando passos pela pracinha. Veja como ela escreve aki. Sinta como ela diz naum [...] no lugar de não.

E se por acaso ela perguntar:

— Quer tc comigo?

Não vá pensando logo em sacanagem. Tá blz, mas calma. O q ela quer é teclar com você.

E quando diz q qr tc com você, e diz isso *sorrindo para* você, é pq já tá no pto. Pode levar para o reservado.

O reservado é bom pq ninguém sabe o q está rolando entre vc e a mina e a gente vê tudo q tá rolando na pracinha. A gente continua lendo os outros.

Mas ninguém nos lê. Mas pode ter certeza q se vc ficar muito tempo reservadamente, lá na pracinha vão começar as fofocas: alguém logo vai perceber q vc n está ali. Nem ela. E aí começa a tricotagem. Vai todo mundo para outros reservados, comentar sobre o seu reservado.

É hora de voltar. Volte com calma, sem comer nenhum plural, com os gerúndios nos lugares. Acerte as vírgulas e as exclamações da moça para não darem bandeira.

Ajeite o cabelo, limpe o batom da gola da camisa e vai dormir sonhando com uma tal de Flavinha, uma Frau, uma Liliquinha, uma Belezinha, uma Carmina, uma Lena, uma Vera, uma Christie Angel, uma Crisbonna, uma Krika, uma Beth, uma Lubru, uma Ingrid, uma Marina, uma Marcela, uma Carol, uma Catarina, uma Larissa, uma Camille, uma Dra Bia, umas mulheres MisTriosas que deveras estiveram aki c/você.

Bjs e abs. Fui..........................

PRATA, Mario. *Cem melhores crônicas (que, na verdade, são 129)*. São Paulo: Planeta do Brasil, 2007. p. 342-4.

Vamos **entender** o texto

Antes de fazer as atividades a seguir, numere os parágrafos do texto.

1. O texto lido gira em torno de uma comparação.

A. Que comparação é essa?

B. O que os dois lados dessa comparação têm em comum?

C. Em cada lado da comparação há palavras-chave em inglês. Que palavras são essas?

2. Nos primeiros parágrafos, o autor diz que tinha uma opinião negativa do *chat*, e "não apenas pela facilidade etimológica do trocadilho".

A. Que opinião era essa?

B. A que "trocadilho etimológico" ele se refere? Se necessário, consulte um dicionário para certificar-se do significado dos termos *trocadilho* e *etimológico*.

C. Por que ele tinha essa opinião negativa do *chat*?

3. A partir de certo ponto do texto, no entanto, o autor parece mudar de ideia a respeito do *chat*.

A. Em que parágrafo ele anuncia essa mudança de opinião?

B. O que ele passa a achar do *chat*?

4. Complete o quadro abaixo com algumas das comparações estabelecidas entre o *chat* e o *footing*.

CHAT	*FOOTING*
	Você vê as pessoas.
	"decote convidativo".
"adjetivo bem usado"	
"um simples três-pontinhos"	

5. A partir do décimo parágrafo, o autor passa a usar, no texto, recursos linguísticos próprios das conversas via *chat*, como o itálico, isto é, letras inclinadas para a direita, e as abreviações.

A. Qual a função do itálico nos *chats*?

B. Qual a função das abreviações nos *chats*?

C. No parágrafo 11, dois sinais de pontuação – um dois-pontos seguido de um fechamento de parêntese – são empregados de maneira diferente da convencional. Transcreva essa passagem e explique qual é o seu sentido.

6. Assinale o(s) efeito(s) que o uso de recursos próprios da linguagem dos *chats* cria no texto.

THEO/ARQUIVO DA EDITORA

A. ☐ Cria humor.

B. ☐ Torna o texto visualmente próximo do *chat*.

C. ☐ Reforça a crítica aos *chats*.

D. ☐ Serve para ridicularizar o gênero.

Práticas de linguagem

1. No texto, há várias palavras cujo significado está ligado ao campo semântico amoroso, tais como *namoro*. Na linha abaixo, transcreva uma delas.

____

2. Converse com seus colegas: será que todos deram a mesma resposta à questão anterior? Provavelmente, não.

A. Escreva, abaixo, as expressões que seus colegas encontraram.

____

____

B. Que outros termos do mesmo campo semântico vocês usam no dia a dia? Anote nas linhas abaixo.

____

____

C. Que termos do mesmo campo semântico vocês já ouviram seus pais, avós ou outras pessoas de geração mais antiga usarem? Anote dois deles na linha abaixo.

____

3. Em *Na pracinha*, o autor aproveita-se da comparação entre o *footing* e o *chat* para jogar com as palavras do campo semântico de *praça*. Com a ajuda de um dicionário, explique os efeitos de sentido criados pelas expressões destacadas nos itens abaixo.

A. "Portanto, chega-se, como nas pracinhas, **na moita**."

____

____

____

B. "Fique atento para ver se ela não anda sorrindo para mais ninguém **na praça**."

4. **A linguagem escrita das conversas por meios virtuais tem particularidades que são devidas à necessidade de rapidez na comunicação. Uma delas é a supressão de letras, principalmente vogais: *blz* – em lugar de *beleza*; *tc* – em vez de *teclar*; etc.**

A. Como se deve ler a expressão "mulheres MisTriosas", usada no texto? Explique.

B. Que jogo de palavras pode-se notar em "mulheres MisTriosas"?

C. Leia a charge:

RANDY GLASBERGEN/WWW.GLASBERGEN.COM

**Meu nome era David, mas soava muito antiquado.
Então eu reduzi para DVD!**

GLASBERGEN, Randy. <www.glasbergen.com>. 1999.

O nome do garoto é David. Como deve ser a pronúncia desse nome para que a charge tenha sentido?

5. Observe a forma dos verbos nas frases:

Fique atento... → Imperativo afirmativo

Não tenha pressa... → Imperativo negativo

Modo imperativo

O imperativo é o modo verbal usado para expressar conselho, ordem, pedido, convite, etc.

O **imperativo afirmativo** na segunda pessoa do singular e do plural (*tu* e *vós*) é derivado do presente do indicativo menos o **s** final. Nas demais pessoas, tem a mesma forma do presente do subjuntivo.

O **imperativo negativo** é totalmente formado do presente do subjuntivo.

Veja:

Presente do indicativo	Imperativo afirmativo	Presente do subjuntivo	Imperativo negativo
Eu fico	–	Que eu fique	–
Tu ficas (– s) →	Fica tu	Que tu fiques →	Não fiques tu
Ele fica	Fique você ←	Que ele fique →	Não fique você
Nós ficamos	Fiquemos nós ←	Que nós fiquemos →	Não fiquemos nós
Vós ficais (– s) →	Ficai vós	Que vós fiqueis →	Não fiqueis vós
Eles ficam	Fiquem vocês ←	Que eles fiquem →	Não fiquem vocês

Na escrita e mesmo na fala formal os verbos devem ser usados coerentemente com a pessoa do discurso com quem se fala.

No texto lido, o autor conversa com o leitor usando *você*, o que leva o verbo para a terceira pessoa. Reescreva as frases do texto usando a segunda pessoa, *tu*. Atenção: os verbos estão no modo imperativo.

A. "Chegue devagar e murmure para ela um oi."

B. "Veja como ela escreve aki."

C. "Sinta como ela diz naum."

D. "Não vá pensando logo em sacanagem."

E. "Volte com calma..."

6. Na linguagem informal é comum o uso de pronome da segunda pessoa gramatical com verbo na terceira pessoa e vice-versa. No texto lido isso acontece, por exemplo, no penúltimo parágrafo.

Que forma verbal é usada na segunda pessoa? Como deveria ser escrita para ficar coerente com a forma de tratamento *você*?

Vamos trabalhar em grupos

Na Unidade 2, você estudou algumas das características do gênero textual crônica. Em grupos, conversem sobre *Na pracinha* e apontem elementos desse texto que permitem que ele seja classificado como crônica.

Vamos escrever

Você vai escrever uma crônica semelhante a *Na pracinha*. Só que, em vez de comparar as paqueras de antigamente, nos *footings*, com as atuais, nos *chats*, você comparará as antigas cartas trocadas por namorados com as mensagens enviadas atualmente por celular, *twitter*, etc. Siga as orientações:

- Converse com alguém que tenha vivido a experiência de namorar por carta: tome nota do que ela relatar a respeito.
- Caso você nunca tenha "namorado" via mensagens de celular, *twitter*, etc., converse com alguém que já tenha passado por essa experiência e anote o que ela disser a respeito. Caso você mesmo já tenha vivido isso (ou esteja vivendo), apenas faça um levantamento das características desse tipo de correspondência.
- Agora é hora de redigir sua crônica. Dirija-se diretamente a seu leitor: imagine que seu texto será publicado no *blog* da escola e que você estará "ensinando" alunos de outras classes a "namorar" por carta, dizendo quais eram as vantagens e desvantagens em relação às mensagens de celular, *twitter*, etc.
- Se puder, jogue com as palavras, use humor em seu texto.
- Expresse sua opinião sobre os dois modos de "namorar".
- Dê um título à sua crônica.

THEO/ARQUIVO DA EDITORA

VAMOS LER 2

A paulistana **Heloisa Prieto** nasceu em 1954. É tradutora e autora de diversos textos destinados ao público infantil e juvenil. Junto com o também paulistano **Gilberto Dimenstein** (1956-), jornalista e escritor, vem publicando uma coleção cujo título é *Mano – Cidadão-Aprendiz*, à qual pertence o texto que você vai ler a seguir.

Meninas na linha *www............*

O MUNDO VIRTUAL TEM SIDO RETRATADO TAMBÉM NAS OBRAS DE FICÇÃO. É O CASO DO TEXTO QUE VAMOS LER, NO QUAL OS AUTORES ESCREVEM UM GÊNERO – A NOVELA – NA FORMA DE OUTRO – O *CHAT*.

Chatter: Oi!

Mano: E aí? Tá em casa em pleno sábado à noite?

Chatter: Eu tinha uma festa mas fiquei com preguiça de sair. Tá frio pra caramba. Melhor navegar.

Mano: Eu não tinha nada pra fazer. Entrei num site idiota. Só tinha foto de mulher bonitona. Aqui também tem foto?

Chatter: Foto? Acho que não.

Mano: Tudo bem. Me conta tudo, vc já ficou?

Chatter: Já.

Mano: Muitas vezes? Quantos anos vc tem?

Chatter: 13 anos. Já fiquei 2 ×. A primeira foi patética, a segunda foi legal. E vc?

Mano: Eu só fiquei 1 ×. Também tenho 13 anos.

Chatter: E daí?

Mano: Foi legal pra caramba.

Chatter: Vc acha que sexo é = amor?

Mano: Não.

Chatter: Por quê?

Mano: Cara, meu irmão ficou com uma garota linda. Chegou em casa apaixonado. No dia seguinte ela veio aqui. Era a garota + chata do mundo. Uma toupeira, coitada. Meu irmão desencanou. Disse que só dá pra ficar. Namorar, nem pensar.

Chatter: Coitada da garota.

Mano: Coitada nada, ela grudou. A gente tinha que tirar o telefone do gancho. Mandava e-mail o tempo todo. Primeiro era filme de amor, depois virou de terror.

Chatter: Eu adoro filme de terror.

Mano: Mas terror mesmo é ficar com a garota que a gente gosta. Cara, dá um branco, já me aconteceu.

Chatter: Como foi?

Mano: Era uma garota da minha escola, ela já foi embora, mudou de cidade. Eu ficava mudo, derrubava tudo, ou então falava sem parar.

Chatter: É engraçado. Você é tímido.

Mano: Eu não, é que eu gostava dela. Meu irmão disse que é assim mesmo. Gostou, travou. Tipo terrir.

Chatter: O quê?

Mano: Filme terrir, trash, terror do mais ridículo que existe.

Chatter: Então eu acho legal, é divertido ver terror pra rir.

Mano: Eu também. A gente compra os vídeos aqui em casa.

Chatter: Me dá seu endereço.

Sílvia: Oi.

Mano: Oi.

Chatter: Oi.

Sílvia: Vcs querem conversar comigo?

Chatter: Sobre o quê?

Sílvia: Sobre a beleza do amor juvenil, o primeiro beijo, tão inesquecível, a delícia da primeira carícia. Me contem, meus jovens, me contem como foi...

Mano: Tô fora!

Chatter: Tô fora também!

Sílvia: Mas não foi por isso que vocês entraram nesse chat? Para abrir-se por inteiro? Este é um espaço para confidências femininas! O cantinho certo pra descobrir tudo que se esconde no fundo do coração!

Mano: Dona, me desculpe, [...], sabe como é...

Chatter: Ei, Mano, é roubada, vamos embora, mas me dá seu endereço, me conte dos filmes...

Mano: Cara, tá certo, meu endereço é mano@swift.br, e o seu?

Chatter: Vou escrever mandando meu endereço.

Mano: Vou esperar.

Sílvia: Esperem, meus jovens, a confidência faz parte do amor...

Mano: Bye, bye, tia. Obrigado e me desculpe...

Chatter: Mano, espere, eu vou mandar o e-mail.

Mano: Vou lá ver.

THEO/ARQUIVO DA EDITORA

MICROSOFT CORPORATION/ARQUIVO DA EDITORA

Chatter@..........

Mano,

aquela Sílvia do chat era igual à mulher do 0800: disque-estrela e descubra seu destino. Metralhadora de palavras.

Parece que é tudo combinado, sempre a mesma coisa.

Eu gosto de ler história de amor, mas tem que ser emocionante. Aqui em casa tem livro pra caramba porque minha mãe é professora de literatura e meu pai também gosta de ler, por causa da minha avó que também adora livros. Eu sei ler em francês e inglês, mas na minha classe o pessoal só pega gibi.

Você gosta de ler? De escrever? De ficar em casa?

PRIETO, Heloisa; DIMENSTEIN, Gilberto. *Mano descobre o @mor*. São Paulo: Senac/Ática, 2010. (Col. Mano – Cidadão-Aprendiz).

Vamos **entender** o texto

1. Quem são Chatter e Mano? O que há em comum entre eles?

____

____

____

____

2. A relação entre Chatter e Mano se dá num *chat*.

A. Como é possível saber?

____

____

B. De que tipo de *chat* parece tratar-se?

____

____

____

C. Mano entrou nesse *chat* sabendo onde estava entrando?

____

3. Há uma terceira personagem no texto. Quem é ela e o que pretende?

4. Assinale a alternativa que julgar mais adequada.

A. ☐ Dá para ter certeza, lendo o texto, de que Chatter é uma menina, pois há inúmeros adjetivos no feminino referindo-se a essa personagem.

B. ☐ Dá para ter certeza, lendo o texto, de que Mano e Chatter pretendem namorar ao sair do *chat*, já que um prometeu escrever para o *e-mail* do outro, em particular.

C. ☐ Lendo o texto, temos a impressão de que Chatter é uma menina, e Mano, um menino, e que eles estão dispostos a se conhecer para ver se se dão bem.

5. Escreva nas linhas abaixo as razões que embasaram sua escolha da alternativa que assinalou na atividade anterior.

6. Mano e Chatter são os nomes "reais" das personagens? Justifique sua resposta.

7. No final do texto lido, Chatter manda um *e-mail* para Mano. No *e-mail*, não foram usadas as formas abreviadas da conversa do *chat*. Por que o autor teria feito essa escolha?

8. O texto lido é um fragmento de um livro escrito para adolescentes, que conta uma história na forma de uma conversa virtual entre jovens. Na sua opinião, por que os autores teriam preferido esse modo de escrita?

THEO/ARQUIVO DA EDITORA

Práticas de linguagem

1. Além de abreviações e gírias, as personagens Mano e Chatter usam outros recursos próprios da linguagem virtual. Dê exemplos disso.

2. No texto, as personagens empregam também vários termos em inglês. Dê exemplos disso.

3. **No quadro abaixo transcrevemos alguns termos e expressões retirados do texto. Circule aqueles que você emprega ou empregaria naturalmente em uma conversa com amigos de sua idade.**

desencanou	toupeira	navegar	pra caramba
amor juvenil	ficar	roubada	meus jovens

4. **Em certo momento, Mano usa um neologismo, isto é, uma palavra inventada, e Chatter pede a ele que explique seu significado.**

A. Que neologismo é esse?

B. Pela explicação de Mano, é possível deduzir que ele criou esse neologismo "brincando" com outros termos. Justifique essa afirmação.

5. **Para indicar o grau superlativo dos adjetivos, podemos usar:**

- o adjetivo acrescido de uma terminação superlativa (*-íssimo, -érrimo*...): *linda – lindíssima* (**superlativo absoluto sintético**).

Na linguagem informal, é comum, em vez da terminação, empregar-se um prefixo (*super, hiper, micro*...): *chata – superchata*.

O diminutivo também pode indicar superlativo assim como o aumentativo: *chata – chatinha*; *bonita – bonitona*.

- um advérbio (muito, tão, bem...) junto do adjetivo: *maneiro – muito maneiro* (**superlativo absoluto analítico**).

Na linguagem informal, usam-se diferentes expressões para indicar o superlativo absoluto analítico. Veja o exemplo retirado do texto: "Foi legal *pra caramba*.".

- a repetição também é usada para indicar o grau superlativo: *lindo – lindo, lindo, lindo*.

Escreva na forma sintética e na forma analítica o superlativo absoluto dos adjetivos destacados nas frases. Você pode usar a linguagem formal ou a linguagem informal.

A. Ganhei um carro **novo**.

B. Gisele é uma garota **linda**.

C. Este suco está **gelado**.

6. Releia:

Cara, meu irmão ficou com uma garota linda.

Vocativo (Cara,) — Sujeito (meu irmão) — Predicado (ficou com uma garota linda)

VOCATIVO é o termo da oração usado para chamar, para interpelar algo ou alguém.

O vocativo não pertence nem ao sujeito nem ao predicado. Em geral, é separado por vírgulas dos outros termos da oração e pode vir acompanhado de interjeição, como: *Olá!*, *Ó!*, *Ei!*, etc.:

Ei, Mano, é roubada, vamos embora...

Vocativo (Ei, Mano,)

Identifique o vocativo nas frases, observando a pontuação em cada caso.

A. "Esperem, meus jovens, a confidência faz parte do amor..."

B. "Bye, bye, tia. Obrigado e me desculpe..."

C.

GONSALES, Fernando. Níquel Náusea. *Folha de S.Paulo*, 15 maio 2011, p. E9.

D. Jorge, o cozinheiro, cumprimentou o presidente: "Seja bem-vindo, Excelência!

7. Os recursos tecnológicos oferecidos por aparelhos como celular e computador caracterizam-se por "envelhecer" muito rapidamente, para dar lugar a novidades incessantes. Há uma expressão, no texto, que se refere a um meio de comunicação já ultrapassado. Que expressão é essa?

Conexão com História em quadrinhos

Também as histórias em quadrinhos, os cartuns e outros gêneros textuais têm abordado o papel da internet na vida afetiva das pessoas hoje em dia...

Ampliando horizontes

A internet e outros meios eletrônicos que usamos em nosso dia a dia têm muitas vantagens. Abre horizontes, encurta distâncias, agiliza a comunicação... Entretanto, ela também tem um lado obscuro e até perigoso.

Leia os textos a seguir, antes de debater com seus colegas as questões propostas.

ILUSTRAÇÕES: THEO/ARQUIVO DA EDITORA

gadget: termo francês que designa um objeto ou aparelho cuja utilidade é menos importante do que o fato de ser uma novidade no mercado.

O progresso é assim: um dia, somos apresentados a uma novidade, a um *gadget*; no dia seguinte, já não podemos viver sem aquilo. A surpresa dá lugar à familiaridade, esta ao hábito, e depois à adição. A gente se pergunta: como é que as pessoas puderam viver sem telefone, sem computador? Pois é. Viveram, mas a existência que então levavam já é para nós inimaginável.

Em relação à internet, temos graus variáveis de dependência. Alguns nem a usam. Outros usam-na para enviar e receber mensagens. Para ler notícias. Para pesquisar. É, mas isso já é um passo adiante e em terreno minado, para confiar a vida emocional à rede.

SCLIAR, Moacyr. *Do jeito que nós vivemos*. Belo Horizonte: Leitura, 2007. p. 106.

Se pudesse, eu passaria dia e noite navegando. Só saio da rede quando alguém em casa quer usar o telefone. Meus pais reclamam... Vivem dizendo que meu caso já virou doença. O que sei é que não vejo a hora de as aulas serem *on-line*.

IACOCCA, Liliana e Michele. Depoimento de Cícero, 16 anos. In: *O livro do adolescente – Discutindo ideias e atitudes com o jovem de hoje*. São Paulo: Ática, 2003. p. 74.

Vamos conversar

Conversem com os colegas sobre as seguintes questões:

- Qual a posição de seus pais ou responsáveis a respeito de sua relação com a internet?
- Você costuma dar ouvidos a eles, seguir suas orientações?
- Você acha que passa tempo demais diante da tela de um computador?
- Você já viveu alguma situação ruim pela internet?
- O que aprendeu com isso?
- O que a internet pode oferecer que é de grande importância para você?

Vamos escrever

Agora você vai redigir um "capítulo novo" do livro *Mano descobre o @mor*, dando continuidade ao diálogo entre Chatter e Mano.

- Imagine que Chatter é mais reservada: como foi orientada a não se expor demais, é discreta e "tateia" um pouco mais antes de revelar quem é.
- Já Mano tem menos consciência dos riscos que todos corremos quando conhecemos alguém pela internet e acaba falando mais do que seria prudente fazer.
- Qual a reação de Chatter? Ela é "legal" com seu novo amigo, orientando-o a tomar mais cuidado da próxima vez? Assusta-se diante do que lê e desaparece? Tem outra reação – qual?
- Siga o formato do texto: dê prosseguimento ao diálogo indicando sempre, no início de cada fala, quem está falando seguido de dois-pontos.
- Use linguagem informal, abreviações e outros recursos próprios da linguagem empregada pelas duas personagens originas.
- Se possível, crie um neologismo, como Mano fez.
- Dê um título para seu "capítulo".

Autoavaliação e reescrita

Junto com um colega, leiam e avaliem o trabalho um do outro, orientando-se pelo quadro a seguir.

sim	não	
☐	☐	O texto está estruturado na forma de diálogos?
☐	☐	A linguagem está adequada às personagens e combina com a do texto que serviu de ponto de partida?
☐	☐	As ações e reações das personagens estão condizentes com as orientações passadas na seção **Vamos escrever**?
☐	☐	O título está convidativo, isto é, desperta no leitor a vontade de ler seu "capítulo"?

Depois que você e seu colega tiverem trocado ideias a respeito das respectivas produções textuais, reescreva seu "capítulo", passe-o a limpo e entregue-o ao professor.

Unidade 7

HISTÓRIA EM QUADRINHOS

- **FOCO:** linguagem visual e linguagem verbal.
- **GÊNEROS:** verbete de enciclopédia, história em quadrinhos e cartum.
- **PRÁTICAS DE LINGUAGEM:** substantivo próprio e substantivo comum; palavras com dupla prosódia; marcas de subjetividade; concordância entre pronome pessoal e verbo; linguagem visual; onomatopeia.

VAMOS LER 1

Verbetes de enciclopédias não têm autor definido. Uma equipe de redatores, técnicos e/ou especialistas cuida da elaboração e revisão do texto. Na internet, há plataformas que permitem a criação ou edição de verbetes por internautas em enciclopédias compartilhadas.

História em *quadrinhos*

VOCÊ PROVAVELMENTE JÁ LEU OU MESMO TEM O HÁBITO DE LER HISTÓRIAS EM QUADRINHOS. QUE TAL SABER UM POUCO MAIS SOBRE ESSE GÊNERO TEXTUAL QUE ALIA LINGUAGEM VERBAL E LINGUAGEM VISUAL?

História em quadrinhos: nome dado a uma história contada através de uma série de desenhos separados por quadros sucessivos. As histórias em quadrinhos podem ser publicadas inteiras em revistas e livros especializados ou em capítulos publicados periodicamente por jornais e revistas, chamados comumente de *tiras*. Embora algumas histórias em quadrinhos não possuam diálogos, as falas dos personagens aparecem escritas em áreas circundadas acima de suas cabeças e são chamadas de *balões*. Elas podem contar qualquer tipo de história para adultos ou crianças, sendo, porém, mais comuns as humorísticas e as de aventura. Desde os homens das cavernas, que narravam suas caçadas, até as modernas histórias em quadrinhos, passando pelos hieróglifos egípcios e pelos baixos-relevos da Mesopotâmia, os seres humanos descrevem episódios reais e imaginários utilizando a linguagem visual. O

hieróglifo: cada um dos sinais (ideogramas) de antigos sistemas de escrita, como o egípcio.

baixo-relevo: tipo de escultura que se caracteriza por se destacar pouco do fundo – em geral, de pedra – em que é produzida.

ANDREA EBERT/ARQUIVO DA EDITORA

ANDREA EBERT/ARQUIVO DA EDITORA

primeiro herói de histórias em quadrinhos da idade moderna foi *Yellow Kid* ("o Menino Amarelo"), criado pelo norte-americano Richard Fenton Outcaul, que começou a publicá-lo em 1896 no tabloide *New York World*. O sucesso foi tão grande que outro norte-americano, Rudolf Dirks, passou a publicar no ano seguinte a série *The Katzenjammer* (conhecida no Brasil como *Os Sobrinhos do Capitão*) no *New York Journal*: Dirks foi o primeiro a utilizar os balões nas suas histórias. Alguns personagens mundialmente famosos começaram a aparecer na década de 1940, como *Capitão Marvel* e *Batman*. Na segunda metade do século XX, desenhistas de outros países começaram a se projetar e surgiram *Asterix, o Gaulês*, de Goscinny e Uderzo; *Valentina*, de Guido Crepax; e *Mafalda*, de Quino. Os primeiros números da revista *Mad* fizeram ressurgir o interesse pelas histórias em quadrinhos nos Estados Unidos, assim como o aparecimento de *Charlie Brown*, de Charles Schulz. No Brasil, inicialmente a publicação de histórias em quadrinhos se limitava à reprodução de tiras estrangeiras traduzidas e publicadas em jornais. *O Suplemento Juvenil* começou a ser publicado pela Editora Brasil-América ainda na década de 1930, reunindo e traduzindo histórias dos personagens norte-americanos. Mais tarde, o jornal *O Globo* passou a publicar *O Globo Juvenil* e surgiu a revista *Gibi*, palavra que acabou se transformando em sinônimo de qualquer revista de histórias em quadrinhos. Outras editoras que se dedicaram à publicação de revistas do gênero foram a Editora Abril e a Rio Gráfica Editora. Na década de 1960, o cartunista Ziraldo foi responsável por um dos momentos mais importantes dos quadrinhos nacionais com a criação da Turma do Pererê, publicada em jornais e em revistas próprias. Os desenhistas brasileiros Henfil, Jaguar e Daniel Azulay também ficaram mais conhecidos através de suas tiras para jornais diários. Outro grande criador de histórias em quadrinhos é Mauricio de Sousa, cujos personagens da Turma da Mônica fazem enorme sucesso junto ao público infantil. Algumas de suas histórias foram transformadas em desenhos animados com igual repercussão.

NOVA enciclopédia ilustrada Folha. São Paulo: Folha da Manhã, 1996. v. 1. p. 454. Adaptado.

Vamos **entender** o texto

Antes de fazer as atividades propostas a seguir, leia o quadro abaixo.

Verbete de enciclopédia

O texto que você leu é um **verbete de enciclopédia**.

A palavra *enciclopédia* tem origem grega e significa, literalmente, "círculo de conhecimentos" (*en*: dentro; *kyklós*: círculo; *paideía*: educação, conhecimento). Trata-se de uma obra que se destina a sintetizar para o público conhecimentos das mais diversas áreas.

As enciclopédias – assim como os dicionários, os glossários, etc. – organizam-se em **verbetes**, isto é, em textos cuja função é apresentar resumidamente as principais informações a respeito de determinado assunto, pessoa, área de conhecimento, etc.

1. Sobre o verbete que você leu:

A. qual o assunto nele abordado?

B. como o texto começa, isto é, como está indicado, visualmente, o assunto que será abordado?

C. usando sua experiência no manuseio de enciclopédias e dicionários, responda: em que ordem se apresentam os verbetes?

D. o texto não é dividido em parágrafos. Levante hipóteses: por que será que isso acontece?

2. De acordo com o texto:

A. como são apresentados os diálogos entre as personagens das histórias em quadrinhos?

B. quais são as histórias em quadrinhos consideradas mais comuns?

ANDREA EBERT/ARQUIVO DA EDITORA

C. qual o público-alvo das histórias em quadrinhos?

D. em que país surgiram, com grande repercussão, as primeiras histórias em quadrinhos?

E. desde quando o ser humano teria começado a registrar fatos e histórias usando a linguagem visual?

F. quando não havia no Brasil autores de histórias em quadrinhos, o que era publicado aqui?

G. em que década começaram a surgir personagens mundialmente famosos?

Práticas de linguagem

1. **Em certo trecho do texto, ficamos sabendo que a palavra *gibi* passou por uma transformação ao longo do tempo. Inicialmente, *Gibi* era o nome de uma revista específica de quadrinhos, isto é, um substantivo próprio; depois, passou a designar revistas em quadrinhos em geral, isto é, tornou-se um substantivo comum: *gibi*. Esse não é um caso único em língua portuguesa: nos itens a seguir você encontrará outros exemplos do mesmo fenômeno linguístico. Assinale aquele(s) no(s) qual(is) o substantivo destacado, originalmente próprio, não está(ão) sendo usado(s) como substantivo comum. Para dificultar sua tarefa, eles estão todos em letras maiúsculas.**

A. ☐ **COCA-COLA** é uma das marcas de refrigerante mais consumidas no mundo.

B. ☐ **GILETE**? Uso para depilar as pernas.

C. ☐ Vamos levar as crianças na **KOMBI** e os adultos vão no ônibus!

D. ☐ Não quero ver ninguém mascando **CHICLETE** na classe.

E. ☐ Garçom, um **BAURU**, por favor!

2. **Transforme em substantivos comuns os substantivos próprios dados, redigindo uma frase com cada um deles.**

Velcro	Pelé	Havaianas

A. Havaianas:

____

B. Pelé:

____

C. Velcro:

____

3. **Releia:**

Desde os homens das cavernas, que narravam suas caçadas, até as modernas histórias em quadrinhos, passando pelos **hieróglifos** egípcios e pelos baixos-relevos da Mesopotâmia, os seres humanos descrevem episódios reais e imaginários utilizando a linguagem visual.

Se você consultar num dicionário a palavra destacada – *hieróglifo* –, verá que ela pode ser grafada com ou sem acento – *hieroglifo*. Ou seja: ela pode ser tanto proparoxítona como paroxítona. Algumas palavras têm essa característica, chamada de dupla prosódia: podem ser pronunciadas de duas maneiras, pois sua sílaba tônica pode variar.

Junto com um colega, leia as palavras dadas abaixo, sublinhe a sílaba tônica delas e reescreva as de dupla prosódia. Em seguida, consultem um dicionário para saber se acertaram as respostas e para verificar se elas têm dupla prosódia.

Observação: as palavras, propositalmente, não estão acentuadas. Acentuem-nas, quando for o caso, depois da consulta ao dicionário.

reptil	ibero	zangão	avaro
interim	acrobata	gratuito	

____

____

____

4. Nos verbetes, a linguagem deve ser impessoal, isto é, **objetiva**. As palavras devem ser usadas em seu **sentido próprio**. Veja o exemplo do texto lido:

"**História em quadrinhos:** nome dado a uma história contada através de uma série de desenhos separados por quadros sucessivos. [...]"

Não seria aceitável escrever numa enciclopédia destinada a um público adulto que busca apenas a informação um verbete sobre história em quadrinhos assim:

História em quadrinhos: nome dado a histórias divertidas contadas através de uma série de desenhos muito legais em quadros pequeninos sucessivos.

Observe que nessa redação de verbete há expressões com valor subjetivo, isto é, que expressam a opinião ou um critério particular de quem escreveu: *divertidas, muito legais, pequeninos*. São marcas de subjetividade.

Exercite a escrita mais objetiva e imparcial. Retire as marcas de subjetividade das frases dadas.

BOB KANE/PANINI COMICS BRASIL

A. Batman: é um personagem muito louco das histórias em quadrinhos criado pelo superdesenhista Bob Kane e pelo escritor Bill Finger. É um super-herói diferenciado, porque não tem poderes especiais. Sua roupa é negra e inspirada nos morcegos, bichos que o assustavam quando ele era criança e medroso.

FABIO COLOMBINI/ACERVO DO FOTÓGRAFO

B. Sabiá: designação comum às aves tipo passarinho. Tem plumagem marrom, cinza ou preta, com as partes inferiores lisas ou manchadinhas. É muito apreciado pelo seu canto lindo.

Conexão com História

Enciclopédia, ou dicionário racional das ciências, das artes e dos ofícios

Você já ouviu falar de D'Alembert e de Diderot? Trata-se de dois filósofos franceses do século XVIII cujo trabalho tem muito mais repercussão em sua vida do que imagina. Afinal, foram eles que coordenaram a elaboração da famosa obra que dá título a este boxe e que, de tão conhecida, é chamada às vezes simplesmente de *A Enciclopédia de Diderot e D'Alembert*. É que ela acabou se transformando em modelo das enciclopédias que hoje conhecemos. A ideia, aparentemente simples, era, na época, revolucionária: consultar intelectuais engajados em novas pesquisas para divulgar seus conhecimentos. Isso ia de encontro à cultura da época, dominada pela Igreja católica, pois punha em dúvida algumas ideias e métodos tidos como incontestáveis, como privilegiar a observação racional da realidade, visando separar a ciência das tradições religiosas.

O resultado foram os 35 volumes dessa obra magistral, que vieram a público não antes de muita polêmica, escândalo e brigas judiciárias.

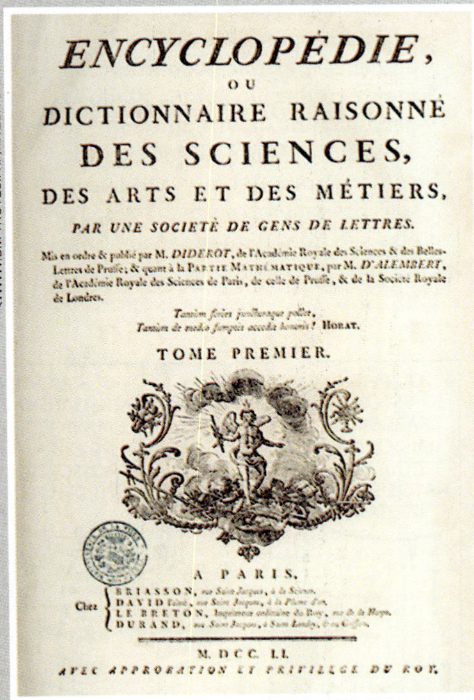
ENCYCLOPÉDIE,
OU
DICTIONNAIRE RAISONNÉ
DES SCIENCES,
DES ARTS ET DES MÉTIERS,
PAR UNE SOCIETÉ DE GENS DE LETTRES.
Mis en ordre & publié par M. DIDEROT, de l'Académie Royale des Sciences & des Belles-Lettres de Prusse; & quant à la PARTIE MATHÉMATIQUE, par M. D'ALEMBERT, de l'Académie Royale des Sciences de Paris, de celle de Prusse, & de la Societé Royale de Londres.
Tantùm series juncturaque pollet,
Tantùm de medio sumptis accedit honoris! HORAT.
TOME PREMIER.
A PARIS,
Chez BRIASSON, rue Saint Jacques, à la Science.
DAVID l'aîné, rue Saint Jacques, à la Plume d'or.
LE BRETON, Imprimeur ordinaire du Roy, rue de la Harpe.
DURAND, rue Saint Jacques, à Saint Landry, & au Griffon.
M. DCC. LI.
AVEC APPROBATION ET PRIVILEGE DU ROY.

<WWW.BM-TROYES.FR>/ARQUIVO DA EDITORA

Capa da primeira edição da *Enciclopédia, ou dicionário racional das ciências, das artes e dos ofícios*, publicada no século XVIII, conhecido como Século das Luzes, por privilegiar o conhecimento humano ao saber religioso.

Vamos escrever

Agora, em duplas, vocês vão redigir um verbete como se fosse para publicar na mesma enciclopédia de onde extraímos o texto sobre história em quadrinhos desta unidade.

- Escolham o tema sobre o qual vão escrever. Pode ser um dos nomes mencionados no verbete que você leu, como Mauricio de Sousa, ou um herói, como Yellow Kid, ou ainda um assunto, como hieróglifos, etc. Se preferirem, escrevam sobre algo por que vocês se interessem e que possa interessar ao público da enciclopédia.
- Façam uma pesquisa sobre o assunto, personagem, pessoa, etc. que escolheram.
- Deem ao texto uma forma semelhante à do verbete sobre história em quadrinhos: destaquem o tema em negrito, acrescentem dois-pontos antes de fornecer as informações pesquisadas e não usem parágrafos.
- Sejam o mais objetivos e concisos possível. Fiquem atentos às marcas de subjetividade.

Quando terminarem, passem o texto a outra dupla e leiam o verbete que a outra dupla escreveu: façam observações e comentários sobre o que os colegas produziram. Retomem seu trabalho e reescrevam-no, se necessário.

VAMOS LER 2

Bill Watterson nasceu em 1958, em Washington, EUA. Formado em Ciências Políticas, ficou mundialmente conhecido por ter criado as personagens Calvin, um menino de 6 anos, e Haroldo, seu tigre de pelúcia. Embora tenha publicado suas tiras apenas entre 1985 e 1995, elas são lidas e queridas até hoje em dezenas de países.

NA SEÇÃO **VAMOS LER 1**, VOCÊ FOI CONVIDADO A ESCREVER UM VERBETE DE ENCICLOPÉDIA. NA TIRINHA ABAIXO, CALVIN ESTÁ ESCREVENDO UM JORNALZINHO COM NOTÍCIAS CASEIRAS...
O QUE SERÁ QUE PODE SAIR DA IMAGINAÇÃO DESSE MENINO?

WATTERSON, Bill. Calvin. Revista *Nova Escola*. São Paulo: Abril; Fundação Victor Civita. www.ne.org.br

Vamos entender o texto

1. Qual a reação da mãe de Calvin ao saber que seu filho está escrevendo um jornalzinho sobre os fatos da casa?

2. O que, provavelmente, ela pensa que Calvin escreverá?

3. Em que quadrinho a "paz" entre mãe e filho se encerra? Por quê?

4. **Ao ler o texto que escreveu, Calvin emprega uma entonação vigorosa e de espanto. Como isso é representado:**

A. na disposição do texto no quadrinho?

B. no desenho?

5. **Em seu texto, Calvin usa uma palavra pouco comum no vocabulário cotidiano, sobretudo para uma criança.**

A. Que palavra é essa?

B. Antes de procurar o significado dessa palavra no dicionário, tente deduzir, pelo contexto, o que ela significa e registre sua dedução abaixo. Em seguida, verifique se você chegou perto desse significado, consultando um dicionário e, se for o caso, corrija sua resposta.

6. **Assinale a(s) alternativa(s) que considerar inadequada(s) à interpretação da tira.**

A. ☐ Calvin tenta imitar o estilo de notícias publicadas na chamada "imprensa marrom", isto é, jornais e revistas sensacionalistas que buscam chamar a atenção dos leitores dando a versão mais "sangrenta" dos fatos.

B. ☐ Calvin tenta imitar um verbete de dicionário, já que usa um termo técnico como *ictioide*.

C. ☐ Calvin é um típico menino de 6 anos: gosta de histórias de terror e de aventuras.

D. ☐ Calvin é um típico menino de 6 anos: pode-se perceber isso pela desenvoltura com que usa termos como *manchete*, *retalhar* e *ictioide*.

E. ☐ O autor da tirinha mistura traços infantis e traços adultos ao retratar sua personagem Calvin.

1. **Na manchete que escreveu, Calvin trata de um fato banal do cotidiano empregando palavras que alteram o sentido desse fato:**

1989 WATTERSON/DIST. BY UNIVERSAL UCLICK

Fato: Mãe corta um peixe para o jantar.
Manchete: Maníaca de faca retalha ictioide! Família devora vítima!

Junto com um colega, transforme os fatos banais dos itens abaixo em "manchetes sensacionalistas", como fez Calvin. Antes disso, atentem para as características que as manchetes deverão ter:

- Concisão: a função de uma manchete é chamar a atenção do leitor dando-lhe um microrresumo do que vai ler na notícia. Calvin, por exemplo, evitou os artigos em sua "manchete": "Maníaca de faca" – e não "A maníaca de faca" –; "Família devora vítima" – e não "A família devora vítima".
- Uso do presente do indicativo, de modo geral: esse uso traz o fato para o momento presente da leitura.

Abusem do humor!

A. De manhã, Haroldo, o tigre de pelúcia de Calvin, assistiu à TV junto com seu dono.

B. Uma barata entrou na cozinha, e a mãe de Calvin usou a vassoura para matá-la.

C. Marcelo tinha medo de ir ao dentista, mas teve de ir ao consultório para extrair o dente de leite.

2. A linguagem usada na tirinha de Calvin é informal. Repare, por exemplo, que, embora trate sua mãe por *você*, forma de tratamento que leva o verbo para a terceira pessoa – “o que *você está* aí cortando?”, e não “o que *tu estás* aí cortando?” –, o garoto emprega um pronome pessoal da segunda pessoa do singular nesta passagem: “posso *te* entrevistar?”, e não “posso *entrevistá-la*?”.

Nos itens abaixo, torne menos descontraída e mais formal as frases propostas, substituindo pelos pronomes dados as palavras destacadas e fazendo as adaptações necessárias.

o	a	os	as	lhe	lhes

A. A ministra declarou ao jornalista: “Não **te** prometo que resolverei todos os problemas de imediato, mas me esforçarei para resolver **eles** o mais rápido possível”.

B. Vou entregar as provas aos alunos e explicar **a eles** os critérios que usei para corrigir **elas**.

C. O réu olhou para o juiz e disse: “**Te** juro que não cometi esse crime. Quem matou **ela** foi o assaltante”.

D. O médico disse à mãe do garoto: “Traga **ele** na próxima semana para eu ver **ele**”.

E. Vamos às manchetes de hoje: “Técnico diz aos jogadores vaiados que não vai tirar **eles** do próximo jogo”. “Novo campeão da natação diz ao ex-medalha de ouro que não esperava vencer **ele** nas provas de ontem”.

3. Leia os quadrinhos para analisar a linguagem neles empregada.

HAGAR DIK BROWNE

BROWNE, Dik. *O melhor de Hagar, o Horrível*. Porto Alegre: L&PM, 2005. v. 2, p. 123-4.

Observe que o autor dos quadrinhos ora aproxima, ora distancia o foco da cena. Esse recurso, ao mesmo tempo que dá movimentação à narrativa, cria expectativas no leitor.

A. Em que quadrinho ficamos sabendo entre quais elementos as personagens Hagar e Eddie Sortudo estão "encurraladas"?

B. O quarto e o quinto quadrinhos são quase iguais. Explique o que acontece nas cenas retratadas.

C. Ainda com relação ao quarto e quinto quadrinhos, não há falas. Que recursos o autor usa em cada um para apresentar o que há de diferente nas duas cenas?

D. Se essas cenas fossem mostradas com maior distanciamento do foco, na sua opinião, o efeito criado seria o mesmo? Explique.

4. A onomatopeia é um recurso de linguagem que aparece com frequência em histórias em quadrinhos.

Crie onomatopeias para os seguintes quadrinhos:

A.

BOB KANE/DC COMICS

KANE, Bob; FINGER, Bill; SPRANG, Dick e outros. *Batman vs. Coringa*: através das décadas. Vinhedo: Opera Graphica Editora, 2003. p. 30.

B.

CALVIN HOBBES, BILL WATTERSON © 1987 WATTERSON/DIST. BY UNIVERSAL PRESS SYNDICATE

WATTERSON, Bill. *O ataque dos transtornados monstros de neve mutantes assassinos*. São Paulo: Best Editora, 2004. p. 42. Reprodução parcial.

Ampliando horizontes

Observe a imagem a seguir. Foi concebida e realizada pelo autor de HQs, Caeto.

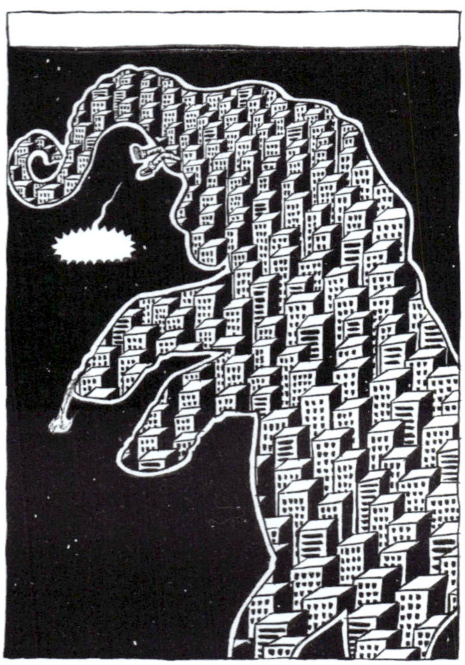

© CAETO/QUADRINHOS NA CIA

CAETO. *Memória de elefante*. São Paulo: Companhia das Letras, 2010.

1. Nessa obra, o fundo, negro, traz o contorno de um elefante. O que há "dentro" desse elefante? Dê uma resposta bem detalhada.

2. Além do contorno de um elefante, algo mais quebra o fundo negro: um balão de fala em branco. Preste atenção na forma do balão: o que você acha que o desenhista quis expressar?

3. Leia estes verbetes de dicionário:

> **cartum** *s.m.* desenho humorístico ou caricatural, espécie de anedota gráfica que satiriza comportamentos humanos [...]
> **charge** *s.f.* desenho humorístico, com ou sem legenda ou balão, geralmente veiculado pela imprensa e tendo por tema algum acontecimento atual, que comporta crítica e focaliza, por meio de caricatura, uma ou mais personagens envolvidas [...]

HOUAISS, Antônio. *Dicionário Houaiss da língua portuguesa*. Rio de Janeiro: Objetiva, 2009.

A. Responda: o quadrinho de Caeto parece mais uma charge ou um cartum? Explique.

B. Troque ideias com seus colegas a respeito das questões propostas e das respostas que cada um deu a elas. Será que todos responderam a mesma coisa?

4. **A imagem que você analisou pertence a *Memória de elefante*, livro autobiográfico de seu autor, Caeto. Nele, o artista conta a história de sua vida, passada em São Paulo. Agora que você sabe disso, reveja as respostas que deu e debateu e troque novamente com seus colegas: o que essa informação muda na leitura do quadrinho?**

Vamos escrever

Observe os cartuns a seguir.

A.

RAFAEL CORREA/ACERVO DO ARTISTA

RAFAEL. <http://coletivocatarse.blogspot.com/2010/09/cartum.html>. (Acesso em abril 2010).

B.

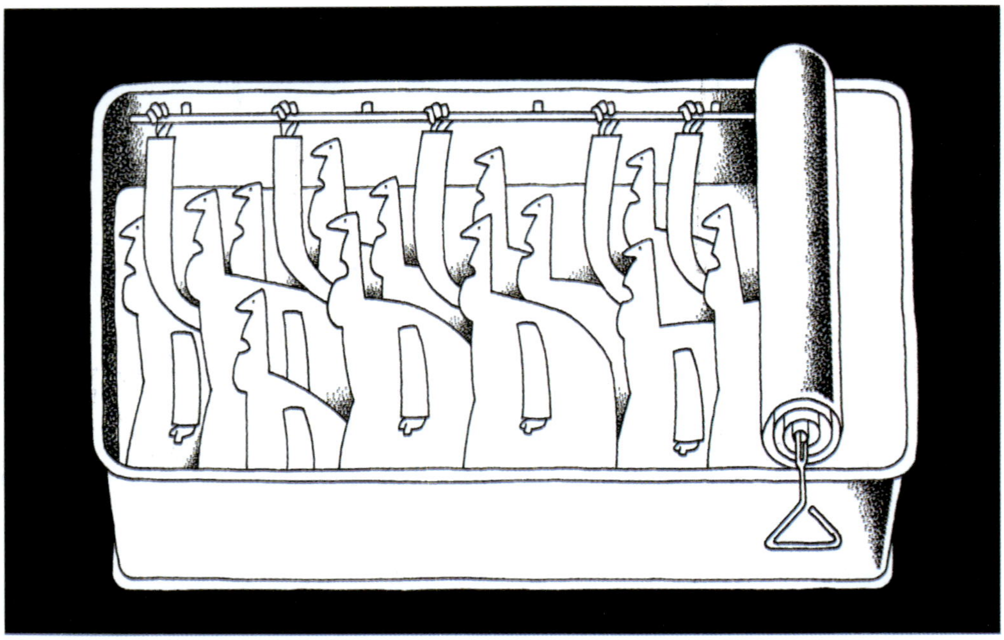

CAULOS/ACERVO DO ARTISTA

CAULOS. *Só dói quando eu respiro*. Porto Alegre: L&PM, 2001.

c.

LAERTE/ACERVO DO ARTISTA

LAERTE. *Classificados 2*. São Paulo: Devir, 2002. p. 5.

Junto com um colega, escolha uma alternativa:

- Produzam uma história em quadrinhos com a(s) personagem(ns) retratada(s) numa das imagens.
- Introduzam balões de fala em um dos cartuns, como se vocês fossem criar dois "novos" cartuns. Em um deles, escrevam uma fala que "combine" com a personagem. Façam a personagem dizer o que se espera que ela diga. No outro "novo" cartum, escrevam num balão algo bem inesperado, que contraste com a imagem e crie humor.

Autoavaliação e reescrita

Agora você e seu colega de grupo vão apresentar ao restante da turma o trabalho que fizeram na seção **Vamos escrever**. Exponham-no num mural da sala, para que todos possam conhecer o que os colegas produziram. Antes, vocês devem rever o seu trabalho e avaliá-lo:

sim	não	
☐	☐	Na história em quadrinhos as ações da(s) personagem(ns) combinam com o cartum que a(s) inspirou?
☐	☐	Nos dois "novos" cartuns, os balões de fala cumprem a função pedida?

Sob a orientação do professor, a classe pode escolher alguns trabalhos para comentar. Atenção: este é um exercício de criatividade, mas não exige que os alunos sejam desenhistas exímios.

ANDREA EBERT/ARQUIVO DA EDITORA

Unidade **8**

ANÚNCIO CLASSIFICADO E NOTÍCIA

- **FOCO:** retextualização; especificidades dos textos jornalísticos.
- **GÊNEROS:** novela; anúncio classificado; notícia.
- **PRÁTICAS DE LINGUAGEM:** abreviações e destaques na escrita de um anúncio classificado; elementos básicos de uma notícia; uso da vírgula; aposto; elementos de coesão.

VAMOS LER 1

Marcos Rey nasceu no estado de São Paulo, em 1925. Escritor consagrado, foi também editor e tradutor. Seus livros foram adaptados para o cinema e a TV. Foi um dos redatores do *Vila Sésamo* e da equipe de adaptadores do *Sítio do Picapau Amarelo*. Na literatura juvenil, publicou várias histórias de sucesso e conquistou inúmeros fãs. Faleceu em 1999.

A pobre menina *rica*

PIMPA É UMA GAROTA DE 14 ANOS QUE CHEGA A SÃO PAULO ACOMPANHADA APENAS DE LILA, SUA ONCINHA DE PELÚCIA. LEIA O TEXTO A SEGUIR E DESCUBRA QUE UM ANÚNCIO CLASSIFICADO PODE TER PAPEL DECISIVO EM SUA VIDA.

pensionato: pequeno hotel familiar que muitas vezes funciona como semi-internato.

A dona do pensionato, que se chamava Noêmia, conduziu Pimpa a um pequeno quarto. Móveis velhos, mas tudo muito limpo. O pagamento incluía café da manhã e duas refeições. Outra coisa: a porta da rua fechava às onze. Não aceitava em casa pensionistas que chegassem tarde. Esse procedimento garantia o bom nome do pensionato.

— A senhora tem muitos pensionistas?

— Nunca há vagas durante o ano letivo, mas no momento só temos a Marina. Pobrezinha, passa as férias conosco. Seus pais são divorciados.

Quando dona Noêmia saiu do quarto, Pimpa fechou a porta e atirou-se à cama sem tirar a roupa. A aventura no *shopping center* doía-lhe nos músculos. Pela primeira vez se esqueceu de Lila, que continuou na sacola.

Ao meio-dia e meia bateram à porta. Era uma empregada do pensionato; a comida estava na mesa.

Marina, a pensionista que não saíra nas férias, esperava a recém-chegada na sala de refeições. Para Pimpa foi vê-la e gostar. Era uma gorduchinha muito simpática, que devia ser o que dona Berenice, a mãe de Noel, fora na mocidade.

EVANDRO LUIZ/ARQUIVO DA EDITORA

— Você é a Marina, não? Meu nome é Maria Paula, mas me chame de Pimpa. É como todos me chamam.

— Dona Noêmia me falou de você. Disse que sua mãe morreu no ônibus quando vinham para cá. Que coisa triste! Vamos, sente-se. Eu a sirvo. A cozinheira da pensão é excelente. Mas você tem um tio, não?

— Chamo de "tio" Leonel, mas é um parente de meu pai. Preciso encontrá-lo.

— Tem ideia de onde ele está?

— Não, Marina, e o pior de tudo é que não lembro seu sobrenome. Nem tenho retrato dele. Eu o vi apenas uma vez, quando garotinha.

Marina, demonstrando com o garfo por que era tão gorducha, interessou-se pelo problema da colega.

— Por que não põe anúncio no jornal?

— Anúncio no jornal?

— Ele sabe seu nome, não?

— Deve saber.

— É o que basta.

— Mas como faria esse anúncio?

— A gente podia estudar uma redação — disse Marina. — Qualquer coisa assim: "SOBRINHA PROCURA TIO" ou "TIO LEONEL, POR FAVOR, ME TELEFONE". O título é que é o importante.

— Não havia pensado nisso.

— Dona Noêmia disse também que você perdeu a mala.

— É verdade, estou só com a roupa do corpo.

— Pena que sou muito mais gorda que você. Vestidos tenho de sobra. Mas aqui perto há uma loja em liquidação. Posso levá-la, se quiser.

— Obrigada, Marina.

Depois do almoço a gorducha convidou Pimpa para conhecer seu quarto. Era o maior do pensionato, e havia de tudo ali: aparelho de som, com rádio e gravador, televisão em cores, além duma estante lotada de livros.

— Não lhe falta nada! — exclamou Pimpa.

— Meus pais me dão tudo que eu peço, assim ficam com a consciência tranquila.

— Eles não moram em São Paulo?

Marina tirou duma gaveta um maço de cartões-postais.

— Minha mãe foi para um lado, meu pai para outro. Veja de onde vêm os cartões: Paris, Roma, Londres, Viena, Atenas...

— Eles visitam você?

— Raramente — respondeu Marina. — E nunca me levam para casa. Vivo aqui, no pensionato. Isto nas férias é o fim. Por isso fiquei contente ao saber que tinha chegado outra pensionista.

A amizade entre Pimpa e Marina consolidou-se logo no primeiro dia. À tarde foram visitar a loja em liquidação, onde compraram roupas. Depois, fizeram um longo passeio pelo bairro, que a gorducha interrompeu ao ver uma lanchonete. Apesar do prato do almoço, ainda tinha fome.

REY, Marcos. *Sozinha no mundo*. São Paulo: Global, 2005.

Bom garfo: diz-se de quem é comilão, glutão.

Garfo: utensílio de três ou quatro dentes que faz parte do jogo de talheres.

ILUSTRAÇÕES: EVANDRO LUIZ/ ARQUIVO DA EDITORA

Vamos **entender** o texto

Antes de fazer as atividades propostas a seguir, numere os parágrafos do texto.

1. Ao chegar ao pensionato, Pimpa tem um grande desejo. Com base nessa afirmação, preencha o quadro a seguir:

Desejo de Pimpa	
Causa do desejo	
Obstáculo que impede Pimpa de realizar seu desejo	
Sugestão que recebeu para realizar seu desejo	

2. Complete as frases abaixo colocando as causas dos fatos apresentados:

A. Marina ficou feliz com a chegada de Pimpa, porque durante as férias ______

B. Os pais de Marina davam à filha tudo o que ela queria, porque ______

3. Marina é descrita como uma "gorduchinha muito simpática". Localize na cena em que as duas estão almoçando:

A. um trecho que mostra que a garota gostava muito de comer.

B. um trecho que mostra que a garota é simpática.

4. Releia o título do texto e responda:

A. Quem é a "pobre menina rica"?

B. Na sua opinião, o que significa ser uma "pobre menina rica"?

C. Imagine agora outro título para o texto, baseando-se nas características da outra garota do texto.

5. Escreva um parágrafo comparando as duas personagens do texto. Mostre o que elas têm de diferente e o que elas têm em comum.

6. O texto que você leu é parte da novela juvenil *Sozinha no mundo*. Em certas passagens o narrador faz referência a fatos e personagens mencionados em trechos anteriores a esse e que, por não os termos lido, não ficam muito claros para nós, leitores.

A. Em que parágrafo(s) isso acontece?

B. Que fatos são esses?

C. Que personagens são essas?

7. *Sozinha no mundo* foi publicado pela primeira vez na década de 1980.

A. Nos parágrafos de 13 a 19, Marina sugere a Pimpa que, para procurar seu "tio" Leonel, seja redigido um anúncio a ser publicado no jornal. Se a novela *Sozinha no mundo* tivesse sido escrita hoje, você acha que Marina faria a mesma sugestão? Se não, qual? Justifique sua resposta.

B. No parágrafo 25, o narrador diz que no quarto de Marina "havia de tudo": "aparelho de som, com rádio e gravador, televisão em cores, além duma estante lotada de livros". Caso *Sozinha no mundo* tivesse sido escrita hoje, o que provavelmente haveria no quarto de Marina?

EVANDRO LUIZ/ARQUIVO DA EDITORA

Anúncios classificados

Anúncio classificado é um gênero textual cuja função é ofertar e procurar bens e serviços. Quando publicados em revistas e jornais impressos, os anúncios têm formato pequeno, aparecem em seções especializadas e, em geral, contêm abreviações para economizar espaço, pois o preço é cobrado pelo número de linhas. Os títulos, em geral, são escritos com algum tipo de destaque – letras maiúsculas ou negrito – para comunicar rapidamente ao leitor o assunto de que tratam.

Veja a seguir alguns exemplos de anúncios classificados.

> **GERENTE** Vendas c/experiência compra/venda imóveis, imobiliária z. sul, tratar av. N. S. Copacabana, 0000 (sj).

> **FISIOTERAPEUTA** Especialize-se. Faça pós-graduação: Traumato-ortopedia, Respiratória, Geriatria, Dermatofuncional. Novas turmas: 26/1/2013. www.belezapura.edu.br 9999-9999

No caso dos classificados publicados pela internet é possível acrescentar um número maior de informações sobre o produto ou serviço, e até fotos e/ou vídeos, pois o "espaço virtual" é maior.

Página de internet com anúncio classificado de automóvel.

WWW.CLASSIFICADOSPORTOSEGURO.COM.BR/ ARQUIVO DA EDITORA

Práticas de linguagem

1. Junto com um colega, elimine os destaques, as abreviações e outras "economias" dos anúncios classificados do quadro acima, transformando-os em parágrafos completos. Baseiem-se neste exemplo:

207 PASSION XR 2009, ú. dona, baixa km, aceito troca veículo menor, 35 mil

Vendo um automóvel 207 Passion XR por R$ 35 000,00. Só teve uma dona, tem baixa quilometragem, seu ano de fabricação é 2009. Aceito trocá-lo por veículo menor.

Anúncio 1

Anúncio 2

2. Leia o modelo:

em Jordanópolis. 20 hectares. Pomar, horta, nascente. Aceito permuta. Tel. (XX) 8888-8888. → **VENDE-SE SÍTIO** em Jordanópolis. 20 hectares. Pomar, horta, nascente. Aceito permuta. Tel. (XX) 8888-8888.

Você observou que na primeira parte do modelo estão apenas os dados do anúncio classificado. Na segunda acrescentou-se um título adequado ao assunto.

Escreva um título para os classificados a seguir conforme os dados fornecidos para cada um.

A. em Ipanema, livros diversas áreas, clientela cativa, base R$ 200 000, excelente negócio. Contatos (XX) XXXX-XXXX.

B. casa na praia, bem localizada, por jipe em bom estado com tração nas 4 rodas. praia@jipe.com.br

3. Leia o quadro:

Uso da vírgula

Observe a mudança de sentido assinalada pelo uso ou não de vírgula:

"A dona do pensionato, **que se chamava Noêmia**, conduziu Pimpa a um pequeno quarto."

A pensionista **que não saíra nas férias** esperava a recém-chegada na sala de refeições.

No primeiro exemplo, *"que se chamava Noêmia"* acrescenta uma informação a *"dona do pensionato"* que poderia ser suprimida sem prejuízo do sentido da frase: *A dona do pensionato conduziu Pimpa a um pequeno quarto.*

Nesse caso, a informação acrescentada foi assinalada por vírgulas.

No segundo exemplo, *"que não saíra de férias"* delimita, restringe o sentido de *"pensionista"*. Não se trata de qualquer pensionista, mas daquela que não saíra de férias. O sentido do texto ficaria prejudicado se a frase fosse suprimida. Nesse caso em que a informação restringe o sentido do elemento a que se refere não se usa vírgula.

Veja estes outros exemplos:

Os alunos do 7º ano, **que participaram da feira cultural**, vão ter um ponto na nota.

Pelo uso das vírgulas entendemos que todos os alunos do 7º ano participaram da feira cultural.

Os alunos do 7º ano **que participaram da feira cultural** vão ter um ponto na nota.

Sem as vírgulas, entendemos que apenas uma parte dos alunos do 7º ano participou da feira cultural. Há uma restrição do universo dos alunos do 7º ano.

Empregue as vírgulas para separar as informações destacadas no seguinte trecho de reportagem, conforme seja necessário para manter o sentido do texto.

Indígenas vivem epidemia de diabetes

A aproximação com o modo de vida ocidental☐ que inclui sedentarismo e alimentos industrializados☐ ampliou entre os índios de Mato Grosso a prevalência de males da vida moderna, como obesidade e diabetes.

A constatação é de médicos pesquisadores da Unifesp (Universidade Federal de São Paulo)☐ que, desde 1965, presta atendimento médico aos índios do parque do Xingu. Há quatro anos, a instituição avalia as condições de saúde dos xavantes☐ que habitam o leste de Mato Grosso.

O consumo de alimentos tradicionais (milho, mandioca e abóbora) caiu, assim como a frequência de atividades☐ que exigem esforço físico, como a caça.

As comunidades☐ que mantêm o modo de vida tradicional☐ ainda têm uma condição de saúde mais favorável, diz o médico sanitarista Douglas Rodrigues☐ que integra o projeto.

O consumo de refrigerantes, bolachas recheadas e açúcar☐ que são fornecidos em cestas básicas☐ é alto. É preciso uma ação urgente, principalmente para reeducar os mais jovens.

VARGAS, Rodrigo. Saúde; indígenas vivem epidemia de diabetes. *Folha de S.Paulo*, 9 maio 2011, p. C10. Adaptado.

Vamos escrever com **esquema**

Vamos ajudar Pimpa a encontrar "tio" Leonel.
Escreva sua versão do anúncio classificado que Pimpa colocou no jornal.
Nesse tipo de anúncio classificado, não se costuma usar abreviaturas.

Escreva aqui o título de seu anúncio.

Texto do anúncio; descreva brevemente quem você é e quem está procurando; forneça um telefone para contato.

Vamos escrever

Escolha uma das propostas de produção de texto indicadas a seguir.

1. **Dê continuidade ao texto *A pobre menina rica*. Imagine que Pimpa tenha publicado o anúncio e que, por meio dele, tenha encontrado seu "tio" Leonel. Em seu texto mostre:**

- como o "tio" ficou sabendo que estava sendo procurado;
- como foi o encontro dele com Pimpa;
- o que ocorreu após o encontro.

Insira o anúncio que criou na seção Vamos escrever com esquema e crie um título para seu texto.

2. **Imagine que muitos anos se passaram e que, depois de não ter conseguido entrar em contato com seu tio, Pimpa receba o seguinte recado, ao entrar em sua rede de relacionamentos:**

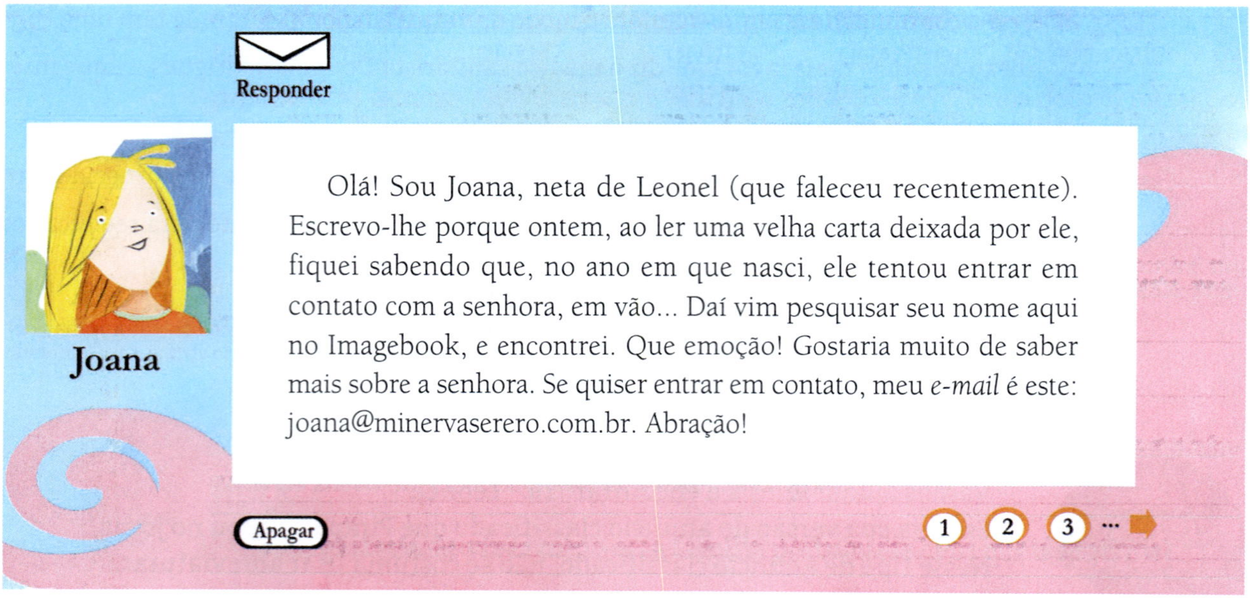

EVANDRO LUIZ/ARQUIVO DA EDITORA

Em seu texto:

- conte como está Pimpa atualmente: onde vive e com quem, onde trabalha, se tem filhos, etc.;
- narre qual foi a reação de Pimpa ao receber, depois de tantos anos, notícias de seu tio Leonel;
- escreva um *e-mail* de resposta a Joana, terminando assim seu "capítulo" de *Sozinha no mundo*;
- dê um título a seu "capítulo".

Seja qual for a produção textual que você escolha – 1 ou 2 –, procure levar em conta o que aprendeu sobre ficção nas unidades anteriores. Para isso, consulte o Sumário deste volume e veja que aspectos podem ajudá-lo em sua redação.

VAMOS LER 2
O jornal ***O Globo*** foi fundado em 1925, no Rio de Janeiro. Pertence à família Marinho, que também é proprietária da Rádio Globo e da Rede Globo de Televisão. É um dos periódicos de maior tiragem do país.

Tsunami atinge o Japão *após forte terremoto*

EM MARÇO DE 2011, UM TERREMOTO SEGUIDO DE UM *TSUNAMI* ARRASOU O JAPÃO. LEIA, ABAIXO, A NOTÍCIA DESSA CATÁSTROFE ESCRITA NO MESMO DIA EM QUE ELA ACONTECEU.

epicentro: ponto central de um terremoto.

TÓQUIO – A costa nordeste do Japão foi sacudida nesta sexta-feira por um terremoto com magnitude de 8,9 graus na escala Richter que gerou um *tsunami* de dez metros, o qual arrastou carros e construções nas cidades litorâneas perto do epicentro. Ao menos sessenta pessoas morreram e várias ficaram feridas. É o maior tremor já registrado na história do país, que mantém dados sobre abalos há 140 anos. De acordo com o embaixador do Brasil no Japão, Marcos Galvão, não há registro de brasileiros mortos ou feridos na tragédia. Segundo ele, há 254 mil brasileiros no país, mas a maioria se concentra em Tóquio.

A capital também foi afetada pelo tremor, mas não foi devastada pela onda gigante como outras cidades. O alerta de *tsunami* se estende do México à América do Sul, mas a maior preocupação é com as ilhas do Pacífico. No Japão, há temor em relação às usinas nucleares e uma delas foi colocada em estado de emergência após uma falha no sistema de resfriamento.

O Globo, 11 mar. 2011. Disponível em: <http://oglobo.globo.com/mundo/mat/2011/03/11/tsunami-atinge-japao-apos-forte-terremoto-923991994.asp>. (Acesso em 23 mar. 2011).

ISSEI KATO/REUTERS/LATINSTOCK

Tsunami que se seguiu ao terremoto de março de 2011, no Japão, arrastou embarcações para a costa, em Soma, prefeitura de Fukushima.

Vamos **entender** o texto

Antes de responder às questões, leia o texto do quadro a seguir.

Notícia

Notícia é um gênero textual de caráter jornalístico. Sua principal característica é ser genuinamente informativa, isto é, o que vale é o fato em si, e não a opinião de quem a escreve – daí a necessidade de seu redator ser o mais imparcial e objetivo possível. Deve apresentar as seguintes qualidades: ser nova, verdadeira, interessante e relevante para o público do jornal, da revista, do *site*, da emissora de rádio ou de televisão em que está sendo veiculada.

1. Preencha o quadro seguinte com os principais dados da notícia Tsunami *atinge o Japão após forte terremoto.*

ELEMENTOS DA NOTÍCIA	
O que aconteceu?	______________________
Onde aconteceu?	______________________
Quando aconteceu?	______________________
Como aconteceu?	______________________

2. Assinale a alternativa que julgar mais adequada à notícia.

A. ☐ O principal destaque da notícia é a repercussão da catástrofe no restante do mundo.

B. ☐ O principal destaque da notícia é a declaração do embaixador do Brasil sobre os brasileiros residentes no Japão.

C. ☐ O principal destaque da notícia é a dimensão da catástrofe – "o maior tremor já registrado na história do país" – e suas consequências até então não de todo sabidas.

D. ☐ O principal destaque da notícia é a situação das usinas nucleares no Japão.

3. A função da manchete – o título – de uma notícia é passar ao leitor a informação principal da forma mais concisa possível, atraindo-o para a leitura do texto na íntegra.

A. Para isso, de que recurso visual o redator se serve?

B. Você acha que a manchete dessa notícia cumpre seu papel? Explique.

4. Essa notícia foi veiculada num jornal brasileiro de grande circulação nacional tanto na forma impressa como pela internet. Observe que ela começa com a palavra *Tóquio*, escrita em letras maiúsculas. O que ela significa, nesse contexto?

EVANDRO LUIZ/ARQUIVO DA EDITORA

5. **É importante para a credibilidade do veículo que noticia que as informações dadas sejam confiáveis. Leia os itens a seguir e transcreva do texto passagens que comprovem essa preocupação com a credibilidade da informação.**

A. O redator indica que a informação foi fornecida diretamente do país onde ocorreu a tragédia.

B. O redator fornece ao leitor informações obtidas com especialista(s) e/ou pessoas que vivenciaram diretamente a catástrofe.

C. O redator preocupa-se em apresentar números e dados os mais exatos possíveis.

6. **Uma notícia, quando publicada num jornal, revista ou *site*, tem, em geral, título, intertítulo, recursos gráficos como fios separando colunas, letras de tamanhos diferentes, além de fotografias, legendas, etc.**

A. Observe a foto que acompanha a notícia aqui reproduzida. Que informação ela acrescenta ao texto?

ISSEI KATO/REUTERS/LATINSTOCK

B. Qual a finalidade das fotos nas notícias?

Práticas de linguagem

1. Siga o exemplo dado no "Parágrafo" abaixo: transforme em pequenas notícias as informações fornecidas.

Informações

- quem: o chefe da expedição marítima;
- o que: multou um mergulhador;
- quando: no dia 12 de julho;
- por que: o mergulhador atirou uma lata de refrigerante no mar.

Parágrafo

No dia 12 de julho, o chefe da expedição marítima multou um mergulhador que atirou uma lata de refrigerante no mar.

Construa parágrafos como esse com as informações dadas em cada alternativa.

A. quem: a apresentadora Daniela Tutu; o que: expulsou a *top model* Giselle Borges de sua festa; quando: ontem à noite; por que: a convidada estava excessivamente bonita.

B. quem: o presidente da Câmara dos Deputados; o que: defendeu aumento de salário para os deputados; quando: durante uma entrevista à televisão; por que: os deputados "ganham uma miséria".

C. quem: campeão de *skate*; o que: criou uma manobra espetacular ("Rocambole"); quando: na final do campeonato; por que: dar mais beleza às competições.

D. quem: o apresentador da mesa-redonda *Bola fora*; o que: o jogador de futebol Fofucho atuou mal nos últimos jogos; quando: no domingo à noite; por que: entrou de salto alto em campo.

2. Observe o termo em destaque neste fragmento da notícia lida:

"De acordo com o embaixador do Brasil no Japão, **Marcos Galvão**, não há registro de brasileiros mortos ou feridos na tragédia."

Assinale a alternativa adequada em relação ao termo destacado:

☐ O termo "Marcos Galvão" está empregado como vocativo, pois expressa chamamento.

☐ O termo "Marcos Galvão" está empregado para esclarecer outro termo da oração: "o embaixador do Brasil no Japão".

3. Identifique, nas orações seguintes, o termo que está empregado com a mesma finalidade que o que foi destacado na questão anterior.

A. Segundo o embaixador, a maioria dos brasileiros que vivem no Japão concentra-se em Tóquio, capital do país.

B. O terremoto, o maior registrado na história do Japão, atingiu a magnitude de 8,9 graus na escala Richter.

C. O abalo gerou um *tsunami* – onda marinha gigante –, que arrastou embarcações, carros e moradias nas cidades próximas ao epicentro.

D. Em nosso país, os tremores sísmicos decorrem de dois fatores: pequenas rachaduras na placa tectônica ou como reflexo de terremotos com epicentro em países vizinhos.

O termo da oração que se anexa a um substantivo ou pronome para explicá-lo, esclarecê-lo ou resumi-lo chama-se **aposto**.

Conexão com Geologia

Escala Richter

A escala Richter, usada para medir a magnitude de terremotos, foi criada pelo sismólogo norte-americano Charles Francis Richter, em 1934. O cálculo é baseado numa escala logarítmica de base 10, para uma onda sísmica que atinja 100 km do seu epicentro. Ou seja, a cada grau da escala registrado por um sismógrafo corresponde uma onda sísmica 10 vezes mais ampla.

Tremores médios, que podem destruir algumas construções, têm magnitude de 5 a 6 na escala Richter. Os de grande poder de destruição têm magnitude acima de 7. São estes que podem provocar *tsunamis* – ondas gigantes que podem atingir locais a centenas de quilômetros de distância de seu ponto de origem. Ondas sísmicas de até 2,5 de magnitude, embora ocorram com frequência, não são percebidas pelos seres humanos.

Os danos causados por um terremoto não medem a sua força. A magnitude de um sismo corresponde à intensidade de sua vibração e à potência que pode alcançar.

JIM MCHUGH/SYGMA/CORBIS/LATINSTOCK

Charles F. Richter no laboratório de Pasadena, Califórnia, EUA, em 1976.

4. **Modifique a construção das frases abaixo – retiradas de reportagens –, para que tenham aposto. Não se esqueça de usar vírgulas, travessões ou dois-pontos para indicá-lo.**

A. O Akita é uma raça de cães originária do norte do Japão que acompanhava os samurais na defesa de suas terras.

B. A água é um recurso natural essencial para a sobrevivência humana e se distribui de forma desigual pelo globo, pois é abundante em alguns países e escassa em outros.

C. *Sakurá* (cerejeira) é a flor nacional do Japão e simboliza a felicidade.

D. Situações de risco fazem disparar no organismo humano um circuito neural mais curto, ou seja, a transmissão das informações, que se processa em 0,3 segundo, acontece em 12 milésimos de segundo. Esse intervalo é imperceptível para o ser humano.

EVANDRO LUIZ/ARQUIVO DA EDITORA

5. **Num texto, para assinalar as relações entre as suas partes e deixar claro ao leitor o que se quer dizer, usam-se diversos recursos. Por exemplo, é possível retomar, por meio de um pronome, um termo já empregado, para não repeti-lo:**

— Mas você tem **um tio**, não? Tem ideia de onde **ele** está?

Também é possível retomar termos já empregados pelo uso de outros que possam substituí-lo ampliando ou detalhando o seu significado no texto. Este é um recurso comum em jornalismo.

Encontre neste trecho da notícia lida os termos que retomam a ideia de "terremoto", termo que aparece logo no início do texto:

TÓQUIO – A costa nordeste do Japão foi sacudida nesta sexta-feira por um terremoto com magnitude de 8,9 graus na escala Richter que gerou um *tsunami* de dez metros, o qual arrastou carros e construções nas cidades litorâneas perto do epicentro. Ao menos sessenta pessoas morreram e várias ficaram feridas. É o maior tremor já registrado na história do país, que mantém dados sobre abalos há 140 anos. De acordo com o embaixador do Brasil no Japão, Marcos Galvão, não há registro de brasileiros mortos ou feridos na tragédia.

6. **Substitua "terremoto(s)" por outro termo ou elimine a palavra onde for possível omiti-la no texto a seguir. Damos nos quadros sugestões de termos que você poderá usar nos casos de substituição.**

tremor	fenômeno	abalo sísmico	evento	sismos

RYAN PYLE/CORBIS/LATINSTOCK

Trabalhadores fazem reparos na barragem de Zipingpu, em Sichuan, que sofreu danos leves apesar do terremoto de magnitude 7,9, ocorrido em maio de 2008.

Existe um tipo de terremoto, chamado de intraplaca, que pode acontecer mesmo em regiões supostamente imunes. Esse terremoto é causado por fragilidades nas placas tectônicas, responsável por 10% dos terremotos no planeta. Os EUA sofreram um terremoto intraplaca de 8 graus na escala Richter no começo do século XIX, e já houve um terremoto no Brasil – um terremoto de 6,2 graus, em 1995.

Os terremotos estão deixando de ser desastres estritamente naturais. O terremoto de Sichuan, que matou 69 mil pessoas na China em 2008, pode ter sido desencadeado pela construção de uma represa.

Cientistas da Universidade Columbia acreditam que o peso da água teria afetado o equilíbrio sísmico do local. O governo chinês não liberou os registros do terremoto, impedindo que a tese fosse estudada com mais profundidade.

Revista *Superinteressante*. São Paulo: Abril, ed. 290, abr. 2011, p. 60. Texto adaptado.

7. **Escreva as expressões ou ideias do segundo parágrafo do texto da atividade anterior que são retomadas pelos termos:**

A. "do local";

B. "a tese".

8. **Destaque da notícia a seguir os pronomes empregados para retomar o termo "Barragem de Carpina":**

O volume da Barragem de Carpina, cuja capacidade é 121 milhões de metros cúbicos (m^3), já chega aos 115 milhões. Por isso duas das quatro de suas comportas foram abertas, para dar vazão a 7 milhões de metros cúbicos de água, diminuindo, assim, as chances de que o rio Capibaribe transborde e evitando que o número de vítimas das chuvas seja ainda maior.

Disponível em: <ne10.uol.com.br/canal/interior/zona-da-mata/noticia/2011/05/05/comporta-da-barragem-de-carpina-e-aberta-para-liberar-aguas-retidas-270052.php>. (Acesso em 9 jun. 2011).

9. **Escreva uma frase com os pronomes que você encontrou na questão anterior.**

Ampliando horizontes

As notícias a seguir têm em comum o fato de enfocar um *tsunami*, mas cada uma o faz de um ponto de vista diferente. A primeira foi escrita em fevereiro de 2005, dois meses depois que esse acidente devastou a Tailândia e a Indonésia, entre outros países. A segunda foi publicada uma semana depois da que você leu em Vamos ler 2.

Notícia 1

Tsunami *facilita descoberta de cidade submersa na Índia*

Mergulhadores encontraram na Índia mais vestígios de uma cidade portuária da Antiguidade, descobertos após o *tsunami* que atingiu a região em dezembro.

Os arqueólogos disseram que estruturas de pedra "claramente feitas pelo homem" foram visualizadas no fundo do mar, no litoral sul indiano.

Elas podem ser parte da mítica cidade de Mahabalipuram, que, segundo a lenda, era tão bonita que os deuses enviaram uma enchente que cobriu seis de seus sete templos.

mítico: lendário.

[...]

A expedição submarina foi organizada pelo departamento de pesquisa arqueológica do governo da Índia, após moradores locais afirmarem ter visto um templo e outras estruturas quando o mar recuou pouco antes do *tsunami*.

As novas descobertas foram feitas perto do templo Mahabalipuram, do século VII, que alguns dizem ter sido o templo poupado pela ira dos deuses.

"As estruturas de pedra são blocos perfeitamente retangulares, dispostos de forma claramente padronizada", afirmou à agência de notícias France-Presse o chefe da expedição, Alok Tripathi.

[...]

Os arqueólogos já vinham trabalhando na região havia três anos, desde que outra expedição identificou o que parecia ser uma cidade submersa.

As lendas de Mahabalipuram foram escritas pela primeira vez pelo viajante britânico J. Goldingham, que ouviu as histórias dos "Sete Pagodes" ao visitar o sul da Índia em 1798.

Disponível em: <www.bbc.co.uk/portuguese>. (Acesso em 28 fev. 2005).

M. LAKSHMAN/ASSOCIATED PRESS/GLOW IMAGES

Na Índia, próximo ao templo de Mahabalipuram, visitantes locais olham monumento em forma de cabeça de leão, trazido à luz por *tsunami* que atingiu a região em 2004.

Notícia 2

Crianças em escola japonesa aguardam em silêncio retorno incerto dos pais

Ishinomaki, na província de Miyagi, nordeste do Japão, praticamente não existe mais. A cidade portuária, em que viviam cerca de 160 mil pessoas, foi varrida pelo *tsunami* da semana passada, e cerca de 10 mil moradores ainda continuam desaparecidos. Até agora, perto de 2 mil foram confirmados mortos.

Muitos sobreviventes estão alojados na Escola Primária Kama e é lá que estão 30 crianças japonesas, entre 8 e 12 anos, que esperam pacientemente, e em silêncio, os pais irem buscá-las, segundo mostrou uma reportagem da TV japonesa.

Um mês depois da catástrofe de março de 2011, pessoas procuram seus pertences entre destroços na região onde moravam, em Ishinomaki.

KYDPL KYODO/ASSOCIATED PRESS/GLOW IMAGES

Até agora ninguém deu sinal de vida, e poucos na escola acreditam que esses pais aparecerão. Os professores dizem que algumas destas crianças sabem que seus pais estão entre os desaparecidos e que talvez nunca atravessem o portão da escola.

Mas ninguém diz nada. Não riem. Nem choram. Passam o dia lendo livros ou brincando com cartas, isolados no terceiro andar da escola.

O silêncio deles, segundo as pessoas que acompanham a história, é de cortar o coração e contrasta com o barulho que vem de fora, das outras crianças que gritam, correm e se divertem ao redor do refúgio.

Parentes e professores não deixam ninguém chegar perto. Temem que até o ruído da porta se abrindo possa dar falsas esperanças para estes estudantes.

[...]

TOBACE, Ewerthon. *BBC Brasil*, 18 mar. 2011. Fonte: <www.bbc.co.uk/portuguese/noticias/2011/03/110318_japao_criancas_escola_et.shtm>. (Acesso em 23 mar. 2011).

Vamos conversar

Troque ideias com seus colegas a respeito das questões propostas.

1. **Qual das duas notícias tem enfoque mais "positivo" e qual tem enfoque mais "tocante"? Por quê?**

2. **Qual das duas notícias você achou mais interessante? Por quê?**

3. **Sob a orientação do professor, dividam-se em duas turmas: cada uma vai fazer uma leitura mais detalhada de uma das notícias e um levantamento dos aspectos listados a seguir:**

- números e dados os mais exatos possíveis;
- informações fornecidas diretamente do local onde ocorreu o fato;
- informações obtidas com especialista(s) e/ou pessoas que vivenciaram diretamente a situação.

Em seguida, compartilhem com os colegas os resultados obtidos nesse levantamento, para que todos tenham uma visão mais aprofundada da organização das notícias.

Vamos escrever

Agora é sua vez de escrever uma notícia para o jornal ou *blog* da escola.

- Consulte um jornal impresso ou um portal de notícias da *web* e escolha uma notícia que lhe pareça interessante: ela servirá de base para seu trabalho.
- Faça um levantamento dos principais elementos dessa notícia. Para que essa tarefa fique mais simples de realizar, procure responder às seguintes perguntas-chave de toda notícia:

O que aconteceu? | Quando? | Onde?

Por quê? | Como? | Quem ou com quem?

- Com base nesse "esqueleto" da notícia, redija-a novamente: imagine que será você o primeiro a divulgar a informação no jornal de seu bairro, comunidade ou cidade. Lembre-se de usar os elementos que dão credibilidade a um texto jornalístico: acrescente dados detalhados, acrescente a fala de autoridades, especialistas e/ou pessoas que vivenciaram os fatos, etc.
- Procure abster-se de dar sua opinião sobre o que está informando, usando, para isso, uma linguagem o mais imparcial e objetiva possível, levando em conta o público-alvo de sua notícia (o leitor do jornal ou *blog* da comunidade escolar).
- Escreva e destaque a manchete de sua notícia.
- Use o aposto para detalhar as informações dadas em sua notícia. Preste atenção na pontuação adequada para assinalá-lo.
- Evite repetições. Pesquise os termos que podem ser usados para substituir outros já empregados e que ampliem ou tornem mais preciso o significado destes para o leitor de seu texto.

Autoavaliação e reescrita

Sente-se com um colega: um vai ler e comentar a notícia redigida pelo outro. Orientem-se pelo quadro a seguir.

sim	não	
☐	☐	A notícia responde às questões-chave propostas na seção **Vamos escrever**?
☐	☐	A notícia traz elementos que dão a ela credibilidade, como os que foram trabalhados ao longo da unidade?
☐	☐	A linguagem está "enxuta", isto é, adequada a um gênero textual cuja função básica é transmitir ao leitor uma informação da forma mais imparcial possível?
☐	☐	A manchete resume bem o conteúdo da notícia e é atraente para o leitor?

Depois de ler os comentários que seu colega fez, retome seu texto, fazendo as alterações necessárias para aprimorá-lo. Em seguida, passe-o a limpo. A classe, com a orientação do professor, poderá selecionar as notícias que serão publicadas.

Bibliografia geral

BLIKSTEIN, Isidoro. *Técnicas de comunicação escrita*. São Paulo: Ática, 2006.

FARACO, C.; MOURA, F. M.; MARUXO, J. H. *Gramática*. São Paulo: Ática, 2010.

FIORIN, José Luiz; SAVIOLI, Francisco Platão. *Para entender o texto*: leitura e redação. São Paulo: Ática, 2007.

___. *Lições de texto*: leitura e redação. São Paulo: Ática, 2006.

GARCIA, Othon M. *Comunicação em prosa moderna*. Rio de Janeiro: Fundação Getulio Vargas, 2010.

GUIMARÃES, Elisa. *A articulação do texto*. São Paulo: Ática, 2007.

LAGE, Nilson. *Linguagem jornalística*. São Paulo: Ática, 2007.

LANDSMANN, Liliana Tolchinsky. *Aprendizagem da linguagem escrita*. São Paulo: Ática, 1998.

PRETI, Dino. *Sociolinguística*: os níveis da fala, um estudo sociolinguístico do diálogo na Literatura Brasileira. São Paulo: Edusp, 2003.

RATHS, Luís E. *Ensinar a pensar*. São Paulo: EPU, 1977.

RODARI, Gianni. *Gramática da fantasia*. São Paulo: Summus, 1982.